COLECCIÓN DE POEMAS

C/ San Rafael, 4
28108 Alcobendas (Madrid)
Tel.: (34) 91 657 25 80
Fax: (34) 91 657 25 83
e-mail: libsa@libsa.es
www.libsa.es

Textos: José Calles Vales / Belen Bermejo Menéndez
Maquetación: Sergio Ballesteros

ISBN: 84-662-1113-6
Depósito legal: TO-411-04

Impreso en España / *Printed in Spain*

Introducción

La presente colección ofrece una muestra amplia, variada, amena y documentada de la poesía hispánica. Los criterios de selección establecidos son, en primer lugar, la extracción de poesías representativas de la literatura española e hispanoamericana que han ejercido una influencia decisiva en el pensamiento y en las artes, o bien cuya difusión haya tenido especial aceptación. En ocasiones, los ejemplos seleccionados son poco conocidos o no han tenido gran repercusión popular y su inclusión obedece a criterios puramente filológicos: perfección formal, peso en la tradición literaria u otros intereses de carácter histórico, filosófico o cultural. Si no están aquí todos los poetas que merecerían un lugar por su genio, al menos todos los que están lo merecen sin duda.

Las breves introducciones expuestas al principio de cada capítulo, en cada autor y al final, en algunos poemas concretos, buscan orientar al lector y hacerle más comprensible la obra. Las sugerencias apuntan a acercarnos al mundo en el que fue creado el poema y, de este modo, hacer la lectura más amena y eficaz ya que cuanto más se conocen los pormenores de una obra de arte, más se goza en su contemplación.

El poeta no sólo conoce a la perfección la técnica (acentos, ritmo, rima, estrofas, etc.) y la lengua; es también un pensador, un narrador, un sabio y un creador. Tiene algo que decir y proyecta su idea sobre el resto del mundo haciéndosela saber del modo más perfecto posible. Puede relatar una historia de amor, meditar sobre la soledad, sobre el paso del tiempo o sobre una revolución, pero si su voz no ocupa pensamientos y corazones ajenos, no tiene sentido.

La dificultad de algunos poemas puede sorprendernos y hacer pensar equivocadamente que los poetas de «verso claro» se han esforzado menos en su obra, sin embargo nada es más difícil que la sencillez, la pureza en el lenguaje y la adecuación de sonidos y pensamiento. Para lograr este objetivo, los poetas, lejos de escribir en la furia de su pasión, dejan pasar el tiempo, recuerdan, meditan, reflexionan, cotejan, miden sus palabras a fin de que contengan todo cuanto quieren decir, expresado del mejor modo posible.

* * * * *

Lo característico de la poesía es el verso (aunque algunos autores del siglo XX se ejercitaron en el uso de la prosa poética, como Juan Ramón Jiménez). También en este caso el conocimiento técnico le es indispensable al poeta. Cada verso tiene su ritmo, sus acentos, sus pausas... todo está medido y sopesado hasta el último detalle, aunque en ocasiones no seamos capaces de percibirlo. Las tres características esenciales del verso son: la medida (MÉTRICA, se realiza mediante el cómputo de sílabas), el RITMO (basado en los acentos) y la RIMA (asonante, consonante, interna, etc.).

Los especialistas opinan que la lengua española tiende hacia el octosilabismo, es decir que la estructura de nuestro idioma propicia secuencias de ocho sílabas. La historia literaria les da la razón: los romances, fórmula tradicional de la poesía española, están elaborados con versos de ocho sílabas, y el libro más famoso de nuestra literatura comienza así: «En un lugar de la Mancha...», ocho sílabas contadas. También es cierto que ese mismo libro está seguido de un endecasílabo (once sílabas): «de cuyo nombre no quiero acordarme». El verso de once sílabas es de origen italiano y con él se construye el soneto, que fue popularizado en España por Garcilaso de la Vega y, después, por los grandes poetas del barroco. Las formas estróficas son variadas y van desde las amplias tiradas de los cantares de gesta, hasta la brevedad de la copla o el epigrama; y desde la italiana lira hasta los tercetos encadenados o las epístolas de verso blanco (sin rima). Las formas modernas de poesía han mezclado tradición y revolución, de modo que un mismo poeta puede confeccionar un soneto o un romance y, al cabo, ofrecernos un poema de verso libre; todo ello guarda relación con las ideas propias del poeta respecto a su arte y a sus fórmulas creativas.

A la Edad Media se le puede aplicar la frase hermética «Lo que está abajo es como lo que está arriba» (*Tabula Smaragdina*, h. siglo VIII): es decir, la organización del universo se refleja en el mundo de los hombres. Se la descubre en los tímpanos catedralicios y en las pinturas románicas y góticas: en el centro Jesucristo, elevado; a su lado los ángeles, los santos y los hombres buenos; abajo, los demonios y los impíos en el infierno. En ocasiones, el vértice superior de la pirámide lo ocupa la Virgen. En el mundo de los hombres la pirámide está coronada por el rey, cuyo poder es divino; a su alrededor, los caballeros y el clero; y en la base, los labradores y los pastores.

La creación poética medieval en España puede establecerse conforme al siguiente esquema:

1. En el Medioevo el poder intelectual está en el clero y su saber, guardado en los monasterios, se denominaba CLERECÍA. La creación artística se basaba en la difusión de intereses clericales y la forma característica era la cuaderna vía (estrofas de cuatro versos con catorce sílabas cada uno); textos escritos para ser leídos, no cantados. A esta especie literaria pertenece el manual escolar llamado *Libro de Alexandre*, las obras de Gonzalo de Berceo y, en parte, el *Libro de buen amor*, del Arcipreste de Hita.

2. Vagabundos, danzantes, histriones, músicos y cantantes, recorrían los pueblos contando aventuras y leyendas a cambio de comida, adecuando la historia a su conveniencia; son los juglares. Utilizaban textos cultos pero también los que inventaban o modificaban a su gusto. Narraban cantares de gesta, leyendas épicas e interpretaban cantares líricos. Algunos fragmentos de los cantares de gesta se convirtieron en romances, pero no todos los romances tienen su origen en la antigua épica castellana.

3. El tercer grupo lo componen obras líricas de origen culto o popular como las jarchas árabes y hebreas, inscritas en poemas de autores cultos, en Al-Andalus. Las cantigas de amor cultas, que utilizaban el gallego como lengua poética en las cortes

castellana y portuguesa, convivían con las cantigas de amigo, las de escarnio y burlas, los villancicos, coplas y cantares castellanos. La poesía lírica culta se origina en el sur francés, en el siglo XII y desde allí fueron exportadas a las cortes de Europa.

JARCHAS

Los árabes y hebreos del Al-Andalus (siglos X-XIII) cultivaban una poesía culta llamada *moaxaja*: composiciones en lengua judía o árabe en las que se incluía como estribillo, una copla popular en lengua románica o en árabe vulgar llamada jarcha.

Las jarchas están puestas en boca jóvenes enamoradas que lamentan la ausencia de su amado (*habib*, *habibi*, amigo) o muestran su pudor ante la inminente llegada de su amante. La emoción se sustenta las preguntas no contestadas que dirigen, normalmente, a su madre o a su hermana. Muestran el ardor, la seducción, la vehemencia y el dulce penar de la enamorad

1. ¿Qué faré, mamma?	*¿Qué haré, madre,*
Meu al-habib est ad yanna.	*si mi amado está a la puerta?*
2. ¡Garid vos, yermaniellas!	*Decidme, hermanas:*
¿Cómo contenir el mío male?	*¿cómo remediar mi mal?*
Sin el habib non vivré yo:	*Sin mi amado no podré vivir:*
¿ad ob l'irei demandare?	*¿dónde lo iré a buscar?*

CANTAR DE MÍO CID

La copia de Per Abbat data de 1207, pero el *Cantar* está fijado a principios del siglo XII, poco después de la muerte del héroe. Su transcripción revela características típicas de la épica de tradición oral: formulismos, llamadas de atención al auditorio, lamentos, quejas o alegrías del juglar, técnicas de memorización, etc.

Durante años se consideró que las aventuras que narraba el *Cantar* eran históricas, pero hoy se estima que es una obra de ficción, con gran contenido político. Pretende ensalzar la figura de un castellano frente a leoneses, catalanes, judíos y árabes, y demostrar la fuerza de un territorio emergente que dará fin a la conquista de la Península. La magnífica estructura del *Cantar* se basa en una técnica incomparable: el autor escoge los momentos más angustiosos del héroe, hace recaer sobre él todas las desgracias, para finalmente ensalzarlo y glorificarlo.

Injustamente expulsado de Castilla, el Cid conquista Valencia y envía valiosos presentes al rey. Los infantes de Carrión admiran sus riquezas y planean casarse con sus hijas, Elvira y Sol. Llegados a Valencia y bajo mandato real, el Cid accede a ello, a pesar de la demostrada cobardía de los infantes (obligados por un león, se refugian en un retrete). Celebradas las bodas, los esposos se dirigen a Carrión pero en el camino abandonan y maltratan a las hijas del Cid en el robledal de Corpes, en el episodio más emotivo del *Cantar*, llamado «La afrenta de Corpes». La deshonra se juzga en cortes de Toledo, de donde el Cid y sus hijas salen ensalzados.

3. La afrenta de Corpes (fragmento)

Todos eran idos, ellos quatro solos son,
tanto mal comidieron ifantes de Carrión:
—Bien lo creades don Elvira e doña Sol,
aquí seredes escarnidas en estos fieros montes.
Oy nos partiremos, e dexadas seredes de nos,
non abredes part en tierras de Carrión.
Hirán aquestos mandados al Çid Campeador,
nos vengaremos aquesta por la del león.

Allí les tuellen los mantos y los pelliçones,
páranlas en cuerpos y en camisas y en çiclatones.
Espuelas tienen calçadas los malos traydores,
en mano prenden las çinchas fuertes e duradores.
Quando esto vieron las dueñas, fablava doña Sol:
—Por Dios vos rogamos, don Diago e don Ferrando, nos!
dos espadas tenedes fuertes e tajadores,
al una dizen Colada e al otra Tizón,
cortandos las cabeças, mártires seremos nos.
Moros e cristianos departirán desta razón,
que por lo que nos mereçemos no lo prendemos nos.
Atan malos enssiemplos non fagades sobre nos:
si nos fuéremos majadas, abiltaredes a vos;

retraer vos lo an en vistas o en cortes. [...]

Cuando quedaron solos los cuatro, los Infantes de Carrión imaginaron su fechoría: «Estad seguras, doña Elvira y doña Sol, que aquí seréis ultrajadas en estos montes salvajes; y después nos iremos y seréis abandonadas en este lugar; no tendréis parte en tierras de Carrión, y así se lo haremos saber al Cid, vuestro padre, y de este modo nos vengaremos por la del león». Allí les quitan las pieles y los mantos y las dejan en camisa. Los traidores calzan espuelas, y toman cinchas y correas duras como látigos. Cuando lo vieron las damas, doña Sol suplicaba: «Por Dios os rogamos, don Diego y don Fernando: tenéis dos espadas, la Colada y la Tizona, cortadnos las cabezas y seremos mártires. Moros y cristianos habrán de decir que no recibimos la muerte que merecemos. No nos deis tan mal trato, que si somos ultrajadas la vileza caerá sobre vosotros, y os lo demandarán en juicio o en cortes».

GONZALO DE BERCEO

Gonzalo de Berceo (primera mitad del siglo XIII) era un profesional administrativo del monasterio de San Millán de la Cogolla, formado en las aulas universitarias y conocedor de las técnicas poéticas más prestigiosas de su época: la cuaderna vía.

Por orden superior parecen haberse puesto en cuaderna vía los *Milagros de Nuestra Señora,* a fin de propiciar el culto de la Virgen, muy extendido en Europa aunque no en Castilla. El culto autor trabajó sobre distintas colecciones de miracula (milagros) y sobre tradiciones populares. En sus relatos rimados la Virgen favorece a sus fieles y castiga a pecadores y soberbios, siempre en el sistema triangular propio de la época, coronado por la divinidad.

4. *Milagros de Nuestra Señora*. (Fragmento)
El clérigo simple

Era un simple clérigo, pobre de clerecía,
dicié cutiano missa de la Sancta María;
non sabié decir otra, diciéla cada día,
más la sabié por uso que por sabiduría.

Fo est missacantano al bispo acusado
que era idiota, mal clérigo provado;
el Salve Sancta Parens sólo tenié usado,
non sabié otra missa el torpe embargado.

Fo durament movido el obispo a saña;
dicié: «Nunqua de preste oí atal hazaña».
Disso: «Dicit al fijo de la mala putaña
que venga ante mí, no lo pare por maña».

Vino ant'el obispo el preste pecador,
avié con el grand miedo perdida la color,
non podié de vergüenza catar contra'l señor;
nunqua fo el mesquino en tan mala sudor.

Díssoli el obispo: «Preste, dime verdat,
si es tal como dizen la tu neciedat».
Díssoli el buen omne: «Señor, por caridat,
si disiesse que non, dizría falsedat».

Dissoli el obispo: «Cuando non as ciencia
de cantar otra missa, nin as sen ni potencia,
viédote que non cantes, métote en sentencia,
viví como merezes por otra agudencia».

Fo el preste su vía triste e dessarrado,
avié muy grand vergüenza, el daño muy granado;
tornó en la Gloriosa ploroso e quessado,
que li diesse consejo, ca era aterrado.

La Madre preciosa, que nunqua falleció
a qui de corazón a piedes li cadió,
el ruego del su clérigo luego ge lo udió,
no lo metió por plazo, luego li acorrió.

La Virgo gloriosa, madre sin dición,
apareció'l al bispo luego en visión;
dixoli fuertes dichos, un brabiello sermón,
descubióli en ello todo su corazón.[...]

Era un clérigo simple, no muy instruido, que decía misa diaria a Santa María; no sabía decir otra y la decía cada día; la sabía más por costumbre que por verdadera sabiduría. Este misacantano fue acusado al obispo: decían que era idiota y mal clérigo; que sólo sabía cantar el Salve Sancta Parens y que el muy imbécil no sabía otra cosa. Se enojó el obispo con el pobre clérigo y decía: «Jamás se vio cosa igual. Decidle a ese hijo de puta que se presente ante mí inmediatamente». Llegó el clérigo pecador ante el obispo, muerto de miedo y pálido; avergonzado, no se atrevía a levantar la mirada: jamás se vio el mezquino en otra parecida. Le dijo el obispo: «Preste, dime la verdad, si eres tan necio como dicen». Díjole el buen hombre: «Señor, por caridad, si dijese que no, sería mentira». Díjole el obispo: «Puesto que no tienes instrucción, ni sabes cantar misa, ni tienes conocimiento ninguno ni razón, te prohíbo que digas misa, y dicto sentencia que te ocupes en otros asuntos y te ganes la vida de otro modo». Se volvió el clérigo por su camino, triste y desanimado, avergonzado y dolorido. Volvió sus ojos a la Virgen llorando y quejumbroso, y le pidió consejo en tan terrible situación. Nuestra Madre, que nunca abandona a quienes de corazón se arrodillan a sus pies, escuchó la súplica del clérigo y no lo dejó caer en saco roto: en seguida le socorrió. La Virgen Gloriosa, madre sin parangón, se le apareció al obispo en una visión, lo reprendió muy duramente y le hizo saber sus deseos.

JUAN RUIZ, ARCIPRESTE DE HITA

Se cree que el autor del *Libro de buen amor* es Johannes Roderici, *archiprebister de Fita*, que aparece en documentos de la Iglesia de Toledo. Vivió en la primera mitad del siglo XIV y su formación se deja sentir en la estrofa clerical, en las referencias latinas, en los géneros escolásticos y tradiciones jocosas de clérigos falderos.

La finalidad declarada de la obra es alertar contra el amor carnal. El buen amor es sólo el amor divino y sólo en él puede encontrarse la verdadera dicha. La lectura nos lleva a través de aventuras y desastres amorosos, lo que probaría el duro trabajo del hombre en buscar *fembra placentera*. Demostraría que no puede haber buen fin en la efusión carnal. Al parecer, el éxito de la obra se debe, precisamente, a que se ha ignorado por completo la tesis de Juan Ruiz y los lectores siguen desternillándose de risa con los pícaros cuentos del Arcipreste.

5. AQUÍ DIZE DE CÓMO SEGUND NATURA LOS OMNES E LAS OTRAS ANIMALIAS QUIEREN AVER COMPAÑÍA CON LAS FEMBRAS

Commo dize Aristótiles, cosa es verdadera:
el mundo por dos cosas trabaja: la primera,
por aver mantenencia; la otra cosa era
por aver juntamiento con fembra placentera.

Si lo dixiese de mío, sería de culpar;
dize lo grand filósofo, non só yo de rebtar.
De lo que dize el sabio non devemos dubdar,
que por obra se prueva el sabio e su fablar.

Que diz verdat el sabio claramente se prueva:
omnes, aves, animalias, toda bestia de cueva,
quieren segund natura compañía sienpre nueva,
e quanto más el omne, que a toda cosa se mueva.

Digo muy más del omne que de toda creatura:
todos a tienpo çierto se juntan con natura;
el omne, de mal seso, todo tienpo sin mesura,
cada que puede quiere fazer esta locura.

El fuego sienpre quiere estar en la çeniza,
commo quier que más arde, quanto más se atiza;
el omne, quando peca, bien vee que desliza,
mas non se parte ende, ca natura lo enriza.

E yo como soy omne commo otro pecador,
ove de las mugeres a las vezes grand amor.
Provar omne las cosas non es por ende peor,
e saber bien e mal e usar lo mejor.

JORGE MANRIQUE

La vida de Jorge Manrique (1440-1479) está unida a los conflictos políticos y cortesanos de la época y, como toda su familia, estuvo envuelto en la batalla sucesoria tras la muerte de Enrique IV. Don Jorge, caballero de Santiago y comendador, tomó partido por Isabel y murió en el asalto al castillo de Garcimuñoz.

La muerte de su padre, en 1476, espoleó su espíritu y así nacieron las inmortales *Coplas*, de las cuales exponemos un extracto a continuación. Éstas responden a un género muy común en el siglo XV: la poesía de la muerte (*Danza de la muerte*), de contenido moralizador. Sin embargo, las *Coplas* tienen algo más que el repaso de personajes ilustres muertos: la igualdad de los hombres ante la muerte, o el *ubi sunt*? (¿dónde están?) las riquezas y placeres de este mundo. La maravilla poética reside en la concisión en el lenguaje, la aparente simplicidad, la sobriedad, la cercanía, que proporcionan el encanto de la sinceridad y de un sentimiento de melancolía ante el tiempo que huye.

6. *Coplas por la muerte de su padre*
(Fragmento)

Recuerde el alma dormida,
avive el seso y despierte,
contemplando
cómo se pasa la vida,
cómo se viene la muerte
tan callando;
cuán presto se va el placer,
cómo después de acordado
da dolor,
cómo a nuestro parecer,
cualquiera tiempo pasado
fue mejor.

Y pues vemos lo presente
cómo en un punto se es ido
y acabado,
si juzgamos sabiamente,
daremos lo no venido
por pasado.
No se engañe nadie, no,
pensando que ha de durar
lo que espera,
más que duró lo que vio,
pues que todo ha de pasar
por tal manera.

Nuestras vidas son los ríos
que van a dar en la mar,
que es el morir:
allí van los señoríos
derechos a se acabar
y consumir;
allí los ríos caudales;
allí los otros, medianos
y más chicos:
allegados, son iguales
los que viven por sus manos
y los ricos.

Dejo las invocaciones
de los famosos poetas
y oradores,
no curo de sus ficciones,
que traen hierbas secretas
sus sabores.
A Aquél solo me encomiendo,
Aquél solo invoco yo
de verdad,
que en este mundo viviendo,
el mundo no conoció
su deidad.

Este mundo es el camino
para el otro, que es morada
sin pesar;
mas cumple tener buen tino
para andar esta jornada
sin errar.
Partimos cuando nacemos,
andamos mientras vivimos,
y llegamos
al tiempo que fenecemos;
así que cuando morimos,
descansamos.
Este mundo bueno fue
si bien usáremos de él
como debemos;
porque, según nuestra fe,
es para ganar aquél
que atendemos.
Y aun el Hijo de Dios
para subirnos al cielo
descendió
a nacer acá entre nos
y a vivir en este suelo
do murió.

[...]

Ved de cuán poco valor
son las cosas tras que andamos
y corremos,
que, en este mundo traidor,
aún primero que muramos
las perdemos:
de ellas, deshace la edad;
de ellas, casos desastrados
que acaecen;
de ellas, por su calidad,
en los más altos estados
desfallecen.

Decidme, la hermosura,
la gentil frescura y tez
de la cara,
la color y la blancura,
cuando vien la vejez
¿cuál se para?
Las mañas y ligereza
y la fuerza corporal
de juventud,
todo se torna graveza
cuando llega al arrabal
de senectud.

[...]

Los placeres y dulzores
de esta vida trabajada
que tenemos,
¿qué son sino corredores,
y la muerte la celada
en que caemos?
No mirando nuestro daño,
corremos a rienda suelta
sin parar;
desque vemos el engaño
y queremos dar la vuelta,
no hay lugar.

Esos reyes poderosos
que vemos por escrituras
ya pasadas,
con casos tristes llorosos
fueron sus buenas venturas
trastornadas:
así que no hay cosa fuerte,
que a papas y emperadores
y prelados
así los trata la Muerte
como a los pobres pastores
de ganados. [...]

ÍÑIGO LÓPEZ DE MENDOZA, MARQUÉS DE SANTILLANA

López de Mendoza (1398-1458) ejerció una gran labor en la difusión de los clásicos, importó modelos italianizantes e intentó teorizar sobre la creación poética, alejándose del mero capricho cortesano y vinculándolo a un esfuerzo intelectual serio. En su *Prohemio y carta* señala las características de la poesía y la define como «fingimiento de cosas útiles, cubiertas o veladas con muy fermosa cobertura».

Entre sus obras más relevantes se incluyen la *Defunsión de don Enrique de Villena*, la *Comedieta de Ponza* o *Bías contra Fortuna*; ensayos pre-humanísticos que tienen como ingredientes la mitología, la alegoría, la imitación de Dante o de Petrarca, el estoicismo o los quiebros cancioneriles.

Al Marqués le interesaron unas piezas poéticas menores, consideradas lo mejor de su producción: las serranillas. Son breves poemas, a medias entre la tradición popular de las SERRANAS y la expresión cortesana de los cantares de viaje (PASTORELAS). Hablan de caballeros corteses extraviados y mozas que parecen damas de la corte, y en sus diálogos pícaros aparecen galanteos, desplantes y conquistas.

7. La vaquera de la Finojosa

Moza tan fermosa
non vi en la frontera
com'una vaquera
de la Finojosa.

Faziendo la vía
del Calatreveño
a Santa María,
vençido del sueño,
por tierra fragosa
perdí la carrera
do vi la vaquera
de la Finojosa.

En un verde prado
de rosas y flores,
guardando ganado
con otros pastores,
la vi tan graciosa
que apenas creyera
que fuesse vaquera
de la Finojosa.

Non creo las rosas
de la primavera
sean tan fermosas
nin de tal manera.

Fablando sin glosa:
si antes supiera
de aquella vaquera
de la Finojosa,

non tanto mirara
su mucha beldad,
porque me dejara
en mi libertad.
Mas dixe: «Donosa
(por saber quién era),
¿dónde es la vaquera
de la Finojosa?».

Bien como riendo
dixo: «Bien vengades,
que ya bien entiendo
lo que demandades:
non es desseosa
de amar, nin lo espera,
aquessa vaquera
de la Finojosa».

JUAN DE MENA

La obra fundamental de Juan de Mena (1411-1456) es el *Laberinto de Fortuna* o *Las trescientas,* obra de 297 coplas, compuesta al rey Juan II y su privado don Álvaro de Luna, a cuyo servicio estaba el poeta. El poema desarrolla la idea de las ruedas de la Fortuna y su incierto girar; compara grandes figuras de la antigüedad con héroes patrios; y se hace crítica moral y política.

En el fragmento seleccionado vemos el retoricismo, cultismo, mitología, etc.) dentro del verso de arte mayor. Se narra la peripecia del Conde de Niebla en su expedición contra Gibraltar, donde murió en 1436.

8. *Laberinto de Fortuna* o *Las trescientas*. (Fragmento)
(De augurios y pronósticos: el capitán de la flota recomienda al conde de Niebla no partir hacia la batalla. El conde no se muestra de acuerdo en los augurios)

«Ca he visto», dize, «señor, nuevos yerros
la noche passada fazer las planetas;
con crines tendidas arder las cometas,
e dar nueva lumbre las armas e fierros,
gridar sin ferida los canes e perros;
triste presagio fazer de peleas
las aves noturnas e las funereas
por los collados, alturas e çerros.

»Vi que las gúminas gruesas crebavan
quando las ánchoras qui's levantar;
vi las entenas por medio quebrar,
aunque los cárbasos no desplegavan;
los másteles fuertes en calma temblavan;
los flacos trinquetes con la su mezana
vi levantarse de non buena gana
quando los vientos se no conbidavan.

»En la partida del resto troyano
de aquella Cartago del bírseo muro,
el voto prudente del buen Palinuro
toda la flota loó de más sano,
tanto que quiso el rey muy humano,
quando lo vido pasado Acheronte
con Leocaspis açerca Oronte,
en el Averno tocarle la mano. [...]

ROMANCES

El romance es el fragmento que surge de la repetición a través de la historia de los momentos más intensos de otras obras. Los más antiguos se hallan en colecciones del siglo XVI, pero sus orígenes se remontan al momento en que nació la lengua castellana, siguiendo la estela de baladas y cantares europeos del medievo.

El Romance de Abenámar y el rey don Juan narra el intento de Juan II de conquistar la ciudad de Granada, en torno a 1431, con la ayuda de un moro traidor llamado Abenalmao. Es una escena de amor entre la ciudad y el rey Juan, en los términos de las canciones de amor cortés (batalla y conquista de amor).

El *Romance del conde Arnaldos* (en otros lugares, infante) fue en principio un romance de aventuras en el que el conde trataba de encontrar a su familia. La versión mutilada es crea el inconcebible misterio del cantar secreto del marinero. *El Romance del prisionero,* es tal vez, un fragmento de un antiguo cantar de gesta, pero su intensidad lírica que lo convierte en una obra maestra.

9. Abenámar, Abenámar

¡Abenámar, Abenámar,
moro de la morería,
el día que tú naciste
grandes señales había!
Estaba la mar en calma,
la luna estaba crecida,
moro que en tal signo nace
no debe decir mentira.
Allí respondiera el moro,
bien oiréis lo que decía:

—Yo te la diré, señor,
aunque me cueste la vida,
porque soy hijo de un moro
y una cristiana cautiva;
siendo yo niño y muchacho
mi madre me lo decía
que mentira no dijese,
que era grande villanía;
por tanto, pregunta, rey,
que la verdad te diría.

—Yo te agradezco, Abenámar,
aquesa tu cortesía.
¿Qué castillos son aquellos?
¡Altos son y relucían!

—El Alhambra era, señor,
y la otra la mezquita,
los otros los Alijares,
labrados a maravilla.
El moro que los labraba
cien doblas ganaba al día,
y el día que no los labra,
otras tantas se perdía.
El otro es Generalife,
huerta que par no tenía,
el otro Torres Bermejas,
castillo de gran valía.
Allí habló el rey don Juan,
bien oiréis lo que decía:

—Si tú quisieses, Granada,
contigo me casaría;
daréte en arras y dote
a Córdoba y a Sevilla.

—Casada soy, rey don Juan,
casada soy, que no viuda;
el moro que a mí me tiene
muy grande bien me quería.

10. *Romance del Conde Arnaldos*

¡Quién hubiese tal ventura
sobre las aguas del mar,
como hubo el conde Arnaldos
la mañana de San Juan!
Con un falcón en la mano,
la caza iba a cazar.
Vio venir una galera
que a la tierra quiere llegar.
Las velas traía de seda,
la jarcia de un cendal;
marinero que la manda
diciendo viene un cantar
que la mar fazía en calma,
los vientos hace amainar,
los peces que andan n'el hondo
arriba los hace andar,
las aves que van volando
n'el mastel las faz posar.
Allí fabló el conde Arnaldos,
bien oiréis lo que dirá:

—Por Dios te ruego, marinero,
dígasme ora esse cantar.

Respondióle el marinero,
tal respuesta le fue a dar:
—Yo no digo esta canción
sino a quien conmigo va.

11. *Romance del prisionero*

Que por mayo era, por mayo,
cuando hace la calor,
cuando canta la calandria
y responde el ruiseñor,
cuando los enamorados
van a servir al amor,
sino yo, triste y cuitado,
que vivo en esta prisión,
que ni sé cuándo es de día
ni cuándo las noches son,
sino por una avezilla
que me cantaba al albor.
Matómela un ballestero,
déle Dios mal galardón.

Poesía del Renacimiento

El Renacimiento español se inicia en 1526 y la Edad de Oro de la literatura en lengua castellana, en el período que va desde el año 1492 (en 1499, *La Celestina*), hasta las últimas obras de Calderón de la Barca, en el tercer cuarto del siglo XVII.

Para comprender el Renacimiento hay que considerar dos ideas básicas: la del renacer de la cultura clásica y la del humanismo. Se recuperan los clásicos de Grecia y Roma, y vuelven a destacar las obras de Horacio y Virgilio y el pensamiento de Platón. Pero los renacentistas no son simples imitadores de los clásicos: se saben más y mejores que los grecolatinos y plasmarán este orgullo moderno en sus obras.

El humanismo no se debe confundir con el humanitarismo; los humanistas eran profesionales educados en los *studia humanitatis*: latín, griego, historia, diplomacia, gramática, retórica y elocuencia, filosofía y otras disciplinas a fin de desempeñarse en universidades, academias, cancillerías, etc.

La poesía del renacimiento hace referencias a la Antigüedad, a la mitología o a la historia; es una poesía de la *imitatio* clásica, es poesía latinizante pero también significa la mayoría de edad de la lengua castellana, es la poesía de la mística; y sobre todo, la poesía renacentista es la poesía clásica de nuestra literatura.

GARCILASO DE LA VEGA

Garcilaso de la Vega (h. 1501-1536) es la cumbre de la poesía española del siglo XVI. Su poesía nace en las coplas antiguas castellanas y se se introduce en el nuevo estilo italiano hasta alcanzar la cima poética. Es fabulación literaria, en un paisaje ficticio, arcádico, mitológico; la aparente sinceridad es sólo capacidad técnica y habilidad poética. Garcilaso olvida poco a poco la paradoja ingeniosa de la poesía cancioneril y pasa al sentimiento amoroso (muy carnal y sensual, a veces), a la recreación de los clásicos y su imitación, al lamento contenido y medido en versos de once sílabas, al ambiente bucólico y pastoril aprendido; todo ello contribuirá al éxito inmediato de sus obras en el siglo XVI, como novedad maravillosa que abrirá nuevos caminos a la literatura española en los siglos siguientes.

12. SONETO XIII

A Dafne ya los brazos le crecían
y en luengos ramos vueltos se mostraban;
en verdes hojas vi que se tornaban
los cabellos que el oro oscurecían;

de áspera corteza se cubrían
los tiernos miembros que aún bullendo estaban;
los blancos pies en la tierra se hincaban
y en torcidas raíces se volvían.

Aquél que fue la causa de tal daño,
a fuerza de llorar, crecer hacía
este árbol, que con lágrimas regaba.

¡Oh, miserable estado; oh, mal tamaño,
que con llorarla crezca cada día
la causa y la razón por que lloraba!

Según la interpretación de la mitología, Apolo se había enamorado de Dafne, la ninfa de Arcadia y se empeñó en seguirla y acosarla hasta que el padre de la joven (acaso el río Ladón o el sabio Tiresias) la convirtió en laurel. Las lágrimas del enamorado riegan el árbol amado y lo hacen crecer. El escultor italiano Bernini representaría la escena que acompaña habitualmente a este soneto en los libros ilustrados: Dafne en plena metamorfosis perseguida por Apolo (Galería Borghese de Roma).

13. SONETO XXIII

En tanto que de rosa y de azucena
se muestra la color en vuestro gesto,
y que vuestro mirar ardiente, honesto,
con clara luz la tempestad serena;

y en tanto que el cabello, que en la vena
del oro se escogió, con vuelo presto,
por el hermoso cuello blanco, enhiesto,
el viento mueve, esparce y desordena;

coged de vuestra alegre primavera
el dulce fruto, antes que el tiempo airado
cubra de nieve la hermosa cumbre.

Marchitará la rosa el viento helado,
todo lo mudará la edad ligera
por no hacer mudanza en su costumbre.

En la construcción de su poesía el autor tiene presente a los clásicos y a los modelos italianos. Lo nuevo en el poema es la perfecta combinación de sus elementos y el melancólico ambiente que respira toda la composición.

14. ODA A LA FLOR DE GNIDO. *ODA AD FLOREM GNIDI* (FRAGMENTO)

Si de mi baja lira
tanto pudiese el son que en un momento
aplacase la ira
del animoso viento
y la furia del mar y el movimiento;

y en ásperas montañas
con el suave canto enterneciese
las fieras alimañas,
los árboles moviese
y al son confusamente los trujiese,

no pienses que cantado
sería de mí, hermosa flor de Gnido,
el fiero Marte airado,
a muerte convertido,
de polvo y sangre y de sudor teñido;

ni aquellos capitanes
en las sublimes ruedas colocados,

por quien los alemanes,
el fiero cuello atados,
y los franceses van domesticados;

mas solamente aquella
fuerza de tu beldad sería cantada,
y alguna vez con ella
también sería notada
el aspereza de que estás armada;

y cómo por ti sola,
y por tu gran valor y hermosura
convertido en viola,
llora su desventura
el miserable amante en tu figura.

[...]

No quieras tú, señora,
de Némesis airada las saetas
probar, por Dios, agora;
baste que tus perfetas
obras y hermosura a los poetas

den inmortal materia,
sin que también en verso lamentable
celebren la miseria
de algún caso notable
que por ti pase triste, miserable.

Violante Sanseverino era una dama residente en el barrio de Gnido de la ciudad de Nápoles. Fabio Galeota, un joven que la amaba locamente, no lograba sus favores de modo que pidió a su amigo Garcilaso que intercediese por él ante la joven. El poeta compuso la *Oda a la flor de Gnido.* Por aquellos años (h. 1532), Garcilaso aprendía en Nápoles nuevas técnicas y recursos poéticos en la Academia Pontaniana, junto a Luigi Tansillo, Bernardo Tasso, Giulio C. Caracciolo, y a otros humanistas españoles como Juan de Valdés y Juan Ginés de Sepúlveda. Entre los ensayos poéticos de esa época está el intento por adaptar los modelos latinos (y de Bernardo Tasso) a la lengua española, en la nueva forma estrófica (5 versos: 7a, 11b, 7a, 7b, 11b) llamada «lira», que tendrá gran fortuna en la poesía renacentista inmediata (Fray Luis de León o San Juan de la Cruz).

SANTA TERESA DE JESÚS

Teresa de Cepeda y Ahumada (1515-1582) profesó a los veinte años en las carmelitas descalzas de Ávila. Aunque en sus obras en prosa (*Vida, Fundaciones*) se excusaba de sus escasos conocimientos, ello debe tomarse como recurso a la humildad, clásico en la escritura religiosa. Aun así, por mucho tiempo se creyó que la Santa era una pobre ignorante, cosa que los críticos corroboraron basándose en la aparente sencillez de los textos, el tono coloquial y la indudable sinceridad de la autora. Pero según los investigadores, ponía un cuidado especial en sus escritos. La poesía era un género cultivado en los conventos, sea para uso interno como diversión o como doctrina. En el poema escogido, la autora tomó un concepto típico de la poesía de cancionero («Vivir sin vivir» o «morir por no morir») y para mostrar su ansia de Dios, su esperanza en la muerte corporal. Son clásicas las identificaciones «cárcel» o «hierros» para referirse al cuerpo en que se encierra el alma.

15. Villancico (fragmento)

Vivo sin vivir en mí,
y tan alta vida espero
que muero porque no muero.
Vivo ya fuera de mí,
después que muero de amor,
porque vivo en el Señor,
que me quiso para sí;
cuando el corazón le dí
puso en mí este letrero:
«Que muero porque no muero».

[...]

¡Ay, qué larga es esta vida!
¡Qué duros estos destierros,
esta cárcel y estos hierros
en que el alma está metida!
Sólo esperar la salida
me causa un dolor tan fiero,
que muero porque no muero.

Acaba ya de dejarme,
vida, no seas molesta;
porque muriendo, ¿qué resta,
sino vivir y gozarme?
No dejes de consolarme,
muerte, que ansí te requiero:
que muero porque no muero.

FRAY LUIS DE LEÓN

Luis de León (1527-1591) ingresó en los agustinos en 1544 y es una de las personalidades más relevantes de la cultura renacentista europea. Desde su cátedra en la Universidad de Salamanca estudió la Biblia como filólogo, hebraísta, filósofo, teólogo y poeta; no descuidó las traducciones de los clásicos ni las versiones en castellano de textos sagrados entonces prohibidos. Se dice que el *Cantar de los cantares,* libro especialmente comprometido, lo llevó a la cárcel. La pugna entre agustinos y dominicos fue el desencadenante de su proceso inquisitorial, que lo llevó a la cárcel de Valladolid. Este episodio ha dado lugar a dos anécdotas: se dice que, absuelto de los cargos que se le imputaban, regresó a las aulas salmantinas y comenzó su lección con las famosas palabras: «Decíamos ayer...». La segunda atañe a su estancia en la cárcel: algún romántico sugirió que el agustino había escrito en las paredes de su celda los versos «Aquí la envidia y mentira / me tuvieron encerrado...». Aunque probablemente falsas, ambas anécdotas son muy emotivas.

16. CANCIÓN DE LA VIDA SOLITARIA (FRAGMENTO)

¡Qué descansada vida
la del que huye del mundanal ruido
y sigue la escondida
senda, por donde han ido
los pocos sabios que en el mundo han sido!

Que no le enturbia el pecho
de los soberbios grandes el estado,
ni del dorado techo
se admira, fabricado
del sabio Moro, en jaspes sustentado.

No cura si la fama
canta con su voz su nombre pregonera,
ni cura si encarama
la lengua lisonjera
lo que condena la verdad sincera.

¿Qué presta a mi contento,
si soy del vano dedo señalado;
si, en busca deste viento,
ando desalentado,
con ansias vivas, con mortal cuidado?

¡Oh monte, oh fuente, oh río!
¡Oh secreto seguro, deleitoso!,
roto casi el navío,
a vuestro almo reposo
huyo de aqueste mar tempestuoso.

Un no rompido sueño,
un día puro, alegre, libre quiero;
no quiero ver el ceño
vanamente severo
de a quien la sangre ensalza, o el dinero.

Despiértenme las aves
con su cantar sabroso no aprendido;
no los cuidados graves,
de que es siempre seguido
el que al ajeno arbitrio está atenido.

Vivir quiero conmigo;
gozar quiero del bien que debo al cielo,
a solas, sin testigo,
libre de amor, de celo,
de odio, de esperanzas, de recelo.

Del monte en la ladera,
plor mi mano plantado tengo un huerto,
que con la primavera,
de bella flor cubierto,
ya muestra en esperanza el fruto cierto;
y, como codiciosa
por ver y acrecentar su hermosura,
desde la cumbre airosa
una fontana pura
hasta llegar corriendo no apresura;

y, luego sosegada,
el paso entre los árboles torciendo,
el suelo de pasada,
de verdura vistiendo
y con diversas flores va esparciendo.

[...]

Por la «escondida senda», unos hablan de la vía mística y otros sólo del interés por la vida retirada del «mundanal ruido» (aquí por vez primera). La vida campestre era un tema conocido en la poesía bucólica, así como la descripción del paraje apartado, también de origen grecolatino. Ambos tópicos se denominan *beatus ille* («Feliz aquel...») y *locus amoenus* («lugar agradable»).

SAN JUAN DE LA CRUZ

Juan de Yepes (1542-1591) profesó en la orden carmelita en 1563 y fomentó la reforma de los descalzos junto a Teresa de Jesús. Algunos críticos comparan la espiritualidad mística de su poesía con el irracionalismo moderno; sin embargo, el misterio, el delirio o la confusión aparente («dislates», según el autor) tienen explicación. La poesía mística pretende reflejar el gozo de la unión del alma (esposa, amada) con Dios (esposo, amado); pero ese placer sólo es posible de describirlo con conceptos abstractos. El poeta no escribe en pleno arrebato místico; es en el recuerdo o cuando se plasma la idea poética. Para ello, es necesario contar, medir y pesar los versos, las rimas, los acentos; es necesario escoger un modelo bíblico (sea el *Cantar de los cantares*, o la estética horaciana); es preciso diseñar el poema, su contenido y su finalidad doctrinal. Todo este peso cultural no nace en la alucinación beatífica, sino en la mesa de trabajo.

17. Noche oscura. Canciones del alma que se goza de haber llegado al alto estado de la perfección, que es la unión con Dios, por el camino de la negación espiritual

En una noche escura,
con ansias en amores inflamada,

¡oh, dichosa ventura!,
salí sin ser notada,
estando ya mi casa sosegada.

A escuras y segura,
por la secreta escala, disfrazada,
¡oh, dichosa ventura!,
a escuras y en celada,
estando ya mi casa sosegada.

En la noche dichosa,
en sereto que nadie me veía,
ni yo miraba cosa,
sin otra luz y guía
sino la que en el corazón ardía.

Aquesta me guiaba,
más cierto que la luz de mediodía,
adonde me esperaba
quien yo bien me sabía,
en parte donde nadie parecía.

¡Oh noche, que guiaste!
¡Oh noche amable más que la alborada!
¡Oh noche que juntaste
amado con amada,
amada en el amado transformada!

En mi pecho florido,
que entero para él solo se guardaba
allí quedó dormido,
y yo le regalaba,
y el ventalle de cedros aire daba.

El aire del almena,
cuando yo sus cabellos esparcía,
con su mano serena
en mi cuello hería
y todos mis sentidos suspendía.

Quedéme y olvidéme;
el rostro recliné sobre el amado;
cesó todo, y dejéme
dejando mi cuidado
entre las azucenas olvidado.

En este poema, considerado como un breve tratado de poesía mística, se habla del progreso de la unión del alma con Dios. En la glosa de 1579, la explicación que da el poeta no logra un análisis sintético; es en un ensayo místico y simbólico que aumenta el misterio de la experiencia de unión divina. Los tratados místicos llamaban «noche oscura» a la vía purgativa en la cual la «casa» (el cuerpo) queda anulada («sosegada») y el espíritu se concentra en el alma. La vía iluminativa es la «luz»: el platonismo sugería que la divinidad se refleja en todas las cosas del universo y en el corazón humano. Finalmente, la vía unitiva es la unión, aquí representada al modo del *Cantar de los cantares*, como dos esposos o amantes que se gozan sexualmente en un paraje agradable (*locus amoenus*).

MIGUEL DE CERVANTES

Miguel de Cervantes (1547-1616) siendo joven huyó de Madrid perseguido por la justicia y llegó a Italia donde se alistó en la armada como soldado. En la batalla contra el turco recibió un arcabuzazo en la mano izquierda, (de ahí el sobrenombre de «Manco de Lepanto»). De regreso a España su galera fue asaltada por piratas y Cervantes fue llevado a Argel, donde vivió, al parecer, como esclavo de un griego. En 1577 es rescatado, pero la corona le niega un oficio en las Indias. Tras un sorprendente matrimonio, se dedica a escribir y a ejercer como comisario de abastos y recaudador, oficios que le llevan a la cárcel, de donde saldrá para volver a entrar por asuntos tan turbios que no merecen la pena señalarse.

Cervantes estaba convencido de que Dios no le había llamado por el camino de la poesía, lo cual no impidió que redactara el *Viaje del Parnaso* y que numerosas poesías jalonaran la prosa de otras obras, desde *La Galatea* (1585) hasta el *Quijote* (1605-1615), sus *Novelas ejemplares* (1613) o sus piezas de teatro.

18. Don Belianís de Grecia a don Quijote de la Mancha

Rompí, corté, abollé y dije y hice
más que en el orbe caballero andante;
fui diestro, fui valiente, fui arrogante;
mil agravios vengué, cien mil deshice.

Hazañas di a la Fama que eternice;
fui comedido y regalado amante;
fue enano para mí todo gigante,
y al duelo en cualquier punto satisfice.

Tuve a mis pies postrada la Fortuna,
y trajo del copete mi cordura
a la calva Ocasión al estricote.

Mas aunque sobre el cuerno de la luna
siempre se vio encumbrada mi ventura
tus proezas envidio, ¡oh gran Quijote!

Era común en tiempos de Cervantes, solicitar a algún poeta de renombre un soneto laudatorio que encabezara su obra. Cervantes lo intentó, pero nadie quiso componer ninguno para tan extraña historia de locos y molinos de viento. De modo que él mismo compuso algunas burlas, como ésta de don Belianís (personaje de una novela de caballerías, *Historia de Belianís de Grecia*, de Jerónimo Fernandez, publicada entre 1547 y 1579). El poema juega con el estilo clásico de epitafios heroicos. El primer terceto señala que «trajo del copete mi cordura / a la calva Ocasión al estricote»; da a entender que el buen seso aprovechó la ocasión, porque según el proverbio la ocasión es calva, pero tenía copete o flequillo, de modo que sólo de allí podía asirse.

19. Es de vidrio la mujer...

Es de vidrio la mujer,
pero no se ha de probar
si se puede o no quebrar,
porque todo podría ser.

Y es más fácil el quebrarse,
y no es cordura el ponerse
a peligro de romperse
lo que no puede soldarse.

Y en esta opinión estén
todos, y en razón la fundo:
que si hay Dánaes en el mundo,
hay pluvias de oro también.

Estos versos están incluidos en el capítulo XXXIII de la primera parte del *Quijote*, donde comienza la novela del «Curioso impertinente». Uno de los personajes dice que escuchó los versos en una comedia italiana moderna, aunque es más probable que sean del propio Cervantes. Se trata de un decir moral, en el que se compara el honor de la mujer con la fragilidad del cristal. La última estrofa se refiere a un motivo mitológico: Dánae, hija de Acrisio, fue encerrada por éste en una torre a fin de que Zeus no pudiera poseerla. El dios lo logró convirtiéndose en lluvia de oro y entrando por la ventana.

Poesía Barroca

El pensamiento del siglo XVII consiste en un autocontrol o autocensura en la obra artística, recuperación de modelos filosóficos cercanos al estoicismo (Séneca), ausencia de crítica al sistema político, crítica venial a la moralidad (siempre de acuerdo con los postulados contrarreformistas), y, finalmente: dedicación extrema por la forma, lo cual desemboca en el conocido «retorcimiento» estético propio del período barroco.

La confianza del hombre en su propio valor se hunde a finales del siglo XVII. Llegan años de oscuridad, de guerras, de miseria y de miedo. La intención de los poetas es divertir al pueblo y obtener ganancias u obtener un puesto en la corte. Los corrales de comedias muestran gentes que chillan o pelean mientras contemplan el cortejo de mozas y mozos. Hay conciencia de que todo es oropel, disfraz, ocultación... y comienza la nostalgia por el paso del tiempo, la idea de que la cuna es la sepultura. La obra de los autores del siglo XVII está invadida por la melancolía, la tristeza, el desengaño y el pesimismo a las que se opone la única confianza que propone la religión.

Los poemas barrocos abruman por su intensidad, por su erudición, por la metaforización continua, por lo que podría llamarse «la inmensa palabrería barroca». Pero en ellos se aprecia el valor de la palabra, del ingenio, de la imagen brillante: el placer de la poesía del XVII reside en la capacidad para desentrañar la verdad tras la apariencia.

BARTOLOMÉ LEONARDO DE ARGENSOLA

Como su hermano mayor, Bartolomé Leonardo de Argensola (1562-1631) fue un humanista a la usanza renacentista: cursó estudios de leyes en Salamanca, sacerdote, rector del duque de Villahermosa, estuvo al servicio de la emperatriz María y del conde de Lemos. También como su hermano huyó de las modernas tendencias hacia el retorcimiento gongorino y se mantuvo firme en sus convicciones renacentistas: Horacio, Petrarca, Juvenal, Propercio, etc. Pero el interés de Bartolomé Leonardo no era la poesía, sino la historia (*Anales y Conquista de las Islas Molucas*). Ni él ni su hermano tuvieron la intención de publicar sus poesías; lo hizo Gabriel Leonardo, hijo del mayor de los Argensola, en un libro titulado *Rimas*, publicado en 1634.

20. SONETO A UNA MUJER QUE SE AFEITABA Y ESTABA HERMOSA

Yo os quiero confesar, don Juan, primero,
que aquel blanco color de doña Elvira
no tiene de ella más, si bien se mira,
que el haberle costado su dinero.

Pero tras eso, confesaros quiero
que es tanta la beldad de su mentira
que en vano a competir con ella aspira
belleza igual de rostro verdadero.

Mas, ¿qué mucho que yo perdido ande
por un engaño tal, pues que sabemos
que nos engaña así Naturaleza?

Porque ese cielo azul que todos vemos
ni es cielo ni es azul. ¡Lástima grande
que no sea verdad tanta belleza!

Más famoso es este poema, que la crítica duda en atribuir a uno u otro hermano. En él se describe, en tono moral, la desgracia de no conocer a ciencia cierta si lo que se halla a la vista es verdadero o falso. Y así como la naturaleza parece engañarnos continuamente, así las damas engañan a los jóvenes con afeites. La idea de que todo cuanto se observa es falso, o irreal tiene su origen en la filosofía clásica, pero es típica del siglo XVII y del período barroco en particular.

LOPE DE VEGA

Félix Lope de Vega Carpio (1562-1635), llamado el «Fénix de los ingenios», es uno de los grandes poetas de la literatura española y, seguramente, el más hábil y diestro versificador que conocieron los tiempos. Aseguraba haber escrito más de 1.500 comedias de las que conservamos apenas un tercio; además es autor de autos sacramentales, novelas y rimas y poesía varia; su producción es vastísima. Sorprende que su vida le permitiera el sosiego para escribir: se conocen al menos cinco amores que dejaron huella en su obra (Elena Osorio, *Filis*; Isabel de Urbina, *Belisa*; Micaela Luján, *Celia* o *Camila Lucinda*; Juana de Guardo; y Marta de Nevares, *Amarilis* o *Marcia Leonarda*), pero hubo varias docenas más. Su afición a las cortesías amorosas le valieron un favorable destierro en Valencia, porque allí conoció y aprendió el nuevo método de escribir comedias, junto a los componentes de la *Academia de los Nocturnos.* Muchas veces arrepentido y otras tantas olvidadizo, ingresó en distintas órdenes religiosas hasta que se amancebó con la joven Marta de Nevares. Sus últimos años son una ruina moral, familiar y material, entre el desprecio de los magnates, el amor del populacho, la locura de su amante y los terrores de la muerte.

Su poesía se distingue por la aparente sencillez: tal fue su método, elegido en la terrible disputa sobre la forma poética en su época, en la que intervinieron también Cervantes, Góngora, Quevedo. Debe a la «vega siempre llana» con que le zaherían su gran triunfo y su popularidad. Ello no significa que no conociera las técnicas puestas de moda por Góngora o Quevedo y que, en ocasiones, demostrara su pericia en esos géneros. Lope también es un apasionado de la lírica popular y a él se debe la recuperación culta de los romances (verdadera guía de sus amoríos) y de otras formas tradicionales. Además, los críticos suelen destacar en Lope la estrecha relación entre la experiencia vital y la literatura.

21. Soneto

Un soneto me manda hacer Violante,
que en mi vida me he visto en tanto aprieto;
catorce versos dicen que es soneto;
burla burlando van los tres delante.

Yo pensé que no hallara consonante,
y estoy a la mitad de otro cuarteto;
mas si me veo en el primer terceto,
no hay cosa en los cuartetos que me espante.

Por el primer terceto voy entrando,
y parece que entré con pie derecho,
pues fin con este verso le voy dando.

Ya estoy en el segundo, y aun sospecho
que voy los trece versos acabando:
contad si son catorce, y está hecho.

En el período Barroco, en fiestas, justas poéticas, en la corte y en corrales de comedias, los poetas improvisaban endecasílabos y demostraban su habilidad con las letras. En la comedia *La niña de plata* se incluye este soneto sobre el soneto: un prodigio de elegancia, recogido en el último verso como un gesto de capa española.

LUIS DE GÓNGORA

Luis de Góngora y Argote (1561-1627) fue clérigo por herencia, pero sin una vocación claramente definida. Cursó estudios en Salamanca y tal vez allí conoció el vicio del juego, que lo llevó a la ruina económica en varias ocasiones. Para salir de la miseria no bastan sus poesías y se ordena sacerdote; con algunas influencias llega a ser capellán del rey, pero las deudas le obligan a perder casa y hacienda. Poco a poco, los protectores y los avalistas le olvidan y muere apesadumbrado en Córdoba, su ciudad natal, sin haber logrado ver impresas sus poesías completas.

Góngora escribió casi exclusivamente poesía, pero abarcó diversos géneros: son muy conocidos y alabados las décimas, las letrillas y los romances, líricos o humorísticos. Su fama se debe a la búsqueda de un lenguaje poético personal y único. Góngora comenzó su tarea en la línea de la poesía renacentista y petrarquista, dejando sentir su vocación por la arquitectura, la forma y la perfección técnica de sus obras. Su gusto poético culto, elaborado y expansivo, cargado de metáforas y tropos difíciles de comprender, le proporcionó el nombre de «culterano»: palabra que hace referencia tanto a la herejía poética como a la herejía sanguínea de Góngora, por tener sangre (y nariz) judía.

22. LETRILLA SATÍRICA

Ándeme yo caliente
y ríase la gente.

Traten otros del gobierno
del mundo y sus monarquías,
mientras gobiernan mis días
mantequillas y pan tierno,
y las mañanas de invierno
naranjada y aguardiente,
y ríase la gente.

Coma en dorada vajilla
el príncipe mil cuidados,
como píldoras dorados;
que yo en mi pobre mesilla
quiero más una morcilla
que en el asador reviente,
y ríase la gente.

Cuando cubra las montañas
de blanca nieve el enero,
tenga yo lleno el brasero
de bellotas y castañas,
y quien las dulces patrañas
del Rey que rabió me cuente,
y ríase la gente.

Busque muy en hora buena
el mercader nuevos soles;
yo, conchas y caracoles
entre la menuda arena,
escuchando a Filomena
sobre el chopo de la fuente,
y ríase la gente.

Pase a media noche el mar
y arda en amorosa llama
Leandro por ver su dama;
que yo más quiero pasar
del golfo de mi lagar
la blanca o roja corriente,
y ríase la gente.

Pues Amor es tan cruel,
que de Píramo y su amada
hace tálamo una espada
do se junten ella y él,
sea mi Tisbe un pastel,
y la espada sea mi diente,
y ríase la gente.

Esta letrilla parte de un refrán. Expone el desprecio a la corte, el rechazo de la vida ocupada y política, y elogia la vida rural. Los poetas suelen referirse a la vida campestre en términos más líricos y lo divertido en esta burla es que el poeta recurre a la morcilla, las bellotas o el vino, en vez de usar el paisaje y a la tranquilidad de quien se aleja de la corte. Píramo y Tisbe son los protagonistas de una historia mitológica: los jóvenes se aman contra la voluntad de paterna y conciertan una cita. Tisbe llega antes y huyendo ante la presencia de un león pierde el velo que es desgarado por el felino y manchado de sangre de su última víctima. Cuando llega Píramo y encuentra el paño, se suicida con su espada. Vuelve la muchacha y al verlo muerto, coge la espada y también se mata. Los padres guardan las cenizas de ambos en una sola urna.

23. SONETO

Mientras por competir con tu cabello
oro bruñido al sol relumbra en vano;
mientras con menosprecio en medio el llano
mira tu blanca frente el lilio bello;

mientras a cada labio, por cogello,
siguen más ojos que al clavel temprano,
y mientras triunfa con desdén lozano
del luciente cristal tu gentil cuello,

goza cuello, cabello, labio y frente,
antes que lo que fue en tu edad dorada
oro, lilio, clavel, cristal luciente,

no sólo en plata o viola troncada
se vuelva, mas tú y ello juntamente
en tierra, en humo, en polvo, en sombra, en nada.

La perfección formal y técnica de Góngora se demuestra en este soneto, impecable en su armazón: 1 y 2, cabello-oro; 3 y 4, frente-lirio; 5 y 6, labios-clavel; 7 y 8, cristal-cuello. El primer terceto identifica los objetos en un paralelismo perfecto. Puede advertirse que el pesimismo barroco tiene aquí una influencia decisiva, porque se hace hincapié en el resultado del paso del tiempo, más que en el disfrute de la edad florida: el paralelismo se extiende hasta el final: cabello-oro-tierra; frente-lirio-humo; labios-clavel-polvo; cristal-cuello-sombra; en fin: nada.

24. SOLEDADES. (FRAGMENTO)

Era del año la estación florida
en que el mentido robador de Europa,
media luna las armas de su frente,
y el Sol todo los rayos de su pelo,
luciente honor del cielo,
en campos de zafiro pace estrellas,
cuando el que ministrar podía la copa
a Júpiter mejor que el garzón de Ida,

náufrago y desdeñado sobre ausente,
lagrimosas de amor dulces querellas
da al mar; que condolido,
fue a las ondas, fue al viento
el mísero gemido,
segundo de Arión dulce instrumento.
Del siempre en la montaña opuesto pino
al enemigo noto,
piadoso miembro roto,
breve talla, delfín no fue pequeño
al inconsiderado peregrino
que a una Libia de ondas su camino
fió, y su vida a un leño.
Del Océano, pues, antes sorbido,
y luego vomitado
no lejos de un escollo coronado
de secos juncos, de calientes plumas,
algas todo y espumas,
halló hospitalidad donde halló nido
de Júpiter el ave.

Este poema se planificó como un gran cuadro del que sólo queda la *Soledad primera* y parte de la segunda. Cuando en 1613 aparece el *Polifemo* y la *Soledad primera*, el debate sobre los métodos de Góngora se encona y todo intelectual de la época toma parte en la discusión: las forzadas hipérboles, los saltos de ingenio, las metáforas, la sintaxis retorcida, y los recursos eruditos y cultos se someten a juicio; Góngora sufre duros ataques pero el siglo XVII demuestra su triunfo absoluto, a pesar de los seguidores que imitaron lastimosamente su genio. El párrafo seleccionado es el comienzo de la *Soledad primera*, en el que un joven náufrago llega a la costa.

Era primavera, cuando el sol entra en los dominios de Tauro (según la mitología clásica Júpiter se convirtió en toro para robar a Europa, hija del rey de Tiro), es decir, en abril o mayo. El toro, con sus cuernos como media luna y con el brillo del sol en su pelo, parece que está pastando las estrellas del cielo. En esta época, un mozo, que podía por su hermosura y planta ser el copero de Júpiter (Ganímedes, en el monte Ida se sentaba Júpiter o Zeus), estaba llorando apesadumbrado y quejándose de su suerte al Océano de tal modo que los vientos y las olas se aquietaron, como si los lamentos hubieran hecho el mismo milagro que la lira de Arión. (Cuando Arión el músico, fue asaltado por los marinos que le llevaban hasta Corinto, pidió que le dejaran cantar antes de morir y al sonido divino de su lira llegaron los delfines que le salvaron de morir ahogado en el océano). Así como el mar salvó a Arión, también por sus quejas el océano se apiadó del joven y lo devolvió a la costa. Un madero de pino (los pinos se colocan en el lado de la montaña opuesto al viento del norte), un piadoso trozo de pino, una tabla pequeña («delfín no pequeño», recordando la historia de Arión) fue suficiente para salvar al insensato peregrino que se adentró en un desierto de olas (en el océano, Libia=desierto), fiando a las aguas su camino, y a un leño su vida. Y habiendo sido engullido por el mar, y después vomitado, fue a acabar en un escollo coronado de nidos de águilas (el ave de Júpiter), de juncos secos, de algas, de espumas y de plumas.

FRANCISCO DE QUEVEDO

Francisco de Quevedo y Villegas (1580-1645) tuvo una vida turbulenta. Se educó en las escuelas de jesuitas y en las facultades de teología (Valladolid): su juventud es ya la fama, las traducciones, los amores desgraciados, las burlas de su cojera, las prisiones, casorios y amancebamientos, opiniones radicales y escritos vergonzosos. Todo ello le valió un escrito difamatorio donde se aseguraba que el poeta era «maestro de errores, doctor en desvergüenzas, licenciado en bufonerías, bachiller en suciedades, catedrático de vicios y protodiablo entre los hombres». Aunque nada le gustaba más que el ambiente tabernario, y de este Quevedo son los ejemplos de poesía escatológica, las burlas y la ironía, hay un Quevedo serio, sincero, conservador: el que escribe obras de historia, de teología, política y moral. Es también este autor el que expone en versos inolvidables un amor apasionado, puro fuego.

Las escuelas que han dividido en culteranismo y conceptismo la literatura barroca, han colocado a Quevedo como adalid del conceptismo (estilo que incluye multiplicidad de significados en cada proposición). Es posible que esta división sea útil para los estudiantes, pero tiene poca relación con la verdad. Quevedo se distingue por el ingenio, la hipérbole, la concisión y la agudeza de sus imágenes, la dureza de su análisis del mundo y también por el desgarro sentimental en su obra seria.

25. A UN HOMBRE DE GRAN NARIZ

Érase un hombre a una nariz pegado,
érase una nariz superlativa,
érase una alquitara medio viva,
érase un peje espada mal barbado;

era un reloj de sol mal encarado,
érase un elefante boca arriba,
érase una nariz sayón y escriba,
un Ovidio Nasón mal narigado.

Érase el espolón de una galera,
érase una pirámide de Egito,
las doce tribus de narices era;

érase un naricísimo infinito,
frisón archinariz, caratulera,
sabañón garrafal, morado y frito.

Es el más conocido de los poemas satíricos de Quevedo y uno de los más populares de la literatura española. Se cree que iba dirigido a Góngora, hombre de gran nariz. Quevedo realiza un esfuerzo imaginativo y va aumentando las proporciones de la nariz a medida que avanza el soneto. No olvida que la nariz aquilina es rasgo de raza hebraica («las doce tribus de narices»), ni cede a distorsionar los conceptos y las palabras como le place: «reloj de sol mal encarado», «archinariz», «naricísimo», etc.

26. AMOR CONSTANTE MÁS ALLÁ DE LA MUERTE

Cerrar podrá mis ojos la postrera
sombra que me llevare el blanco día,
y podrá desatar esta alma mía
hora a su afán ansioso lisonjera;

mas no, de esotra parte, en la ribera,
dejará la memoria, en donde ardía:
nadar sabe mi llama la agua fría,
y perder el respeto a ley severa.

Alma a quien todo un dios prisión ha sido,
venas que humor a tanto fuego han dado,
medulas que han gloriosamente ardido,

su cuerpo dejará, no su cuidado;
serán ceniza, mas tendrá sentido;
polvo serán, mas polvo enamorado.

Para muchos críticos, éste es el mejor poema de la literatura española. La perfección técnica del soneto se alía con el retorcimiento ideológico que propone: en realidad, el asunto que informa estos versos tiene relación con la hipérbole amorosa del barroco y con la idea platónica del amor (el alma del amante vive en la amada). El amor en la muerte también es un asunto clásico (como Píramo y Tisbe, o Hero y Leandro: Leandro pasaba a nado el Helesponto guiado por la antorcha de Hero, cuando una tormenta apagó la luz, Leandro murió ahogado y ella se suicida a la mañana siguiente: véase el segundo cuarteto). Los críticos destacan, sobre todo, la complejidad del mensaje (también la dificultad expresiva): la muerte podrá llevarme, pero mi amor permanecerá invariable en el más allá, porque el fuego de mis venas, mi amor ardiente, no se apaga con el frío de la muerte: y mi cuerpo será polvo... «mas polvo enamorado». Nadie osa discutir que el último terceto es, probablemente, lo mejor que se ha escrito en verso: véase el paralelismo con el primer terceto (el alma dejará su cuerpo; las venas serán ceniza; las médulas serán polvo).

27. LETRILLA SATÍRICA. (FRAGMENTO)

Poderoso caballero
es don Dinero.

Madre, yo al oro me humillo;
él es mi amante y mi amado,
pues, de puro enamorado,
de contino anda amarillo;
que pues, doblón o sencillo,
hace todo cuanto quiero,

poderoso caballero
es don Dinero.

Nace en las Indias honrado,
donde el mundo le acompaña;
y viene a morir a España,
y es en Génova enterrado.
Y pues quien le trae al lado
es hermoso, aunque sea fiero,

poderoso caballero
es don Dinero.

Es galán y es como un oro,
tiene quebrado el color,
persona de gran valor,
tan cristiano como moro.
Pues que da y quita el decoro
y quebranta cualquier fuero,

poderoso caballero
es don Dinero.

Son sus padres principales,
y es de nobles descendiente,
porque en las venas de Oriente
todas las sangres son reales;
y pues es quien hace iguales
al duque y al ganadero,

poderoso caballero
es don Dinero.

Mas ¿a quién no maravilla
ver en su gloria sin tasa
que es lo menos de su casa
doña Blanca de Castilla?
Pero, pues da al bajo silla
y al cobarde hace guerrero,

poderoso caballero
es don Dinero.

Sus escudos de armas nobles
son siempre tan principales
que sin sus escudos reales
no hay escudos de armas dobles;
y pues a los mismos robles
da codicia su minero,

poderoso caballero
es don Dinero. [...]

La poesía tradicional presentaba a una joven relatando sus confidencias a su madre: también aquí, aunque con todos los recursos satíricos, la joven dice a su madre que está enamorada de don Dinero. La mayoría de las proposiciones tienen segundos y terceros significados: don Dinero está amarillo porque es oro y porque, como enamorado, está pálido; don Dinero puede ser doblón (con doblez, mentiroso, «doblón» es una moneda) o sencillo (simple y bueno, sencillo es también una fracción monetaria); don Dinero nació en las Indias (es el oro americano), viene a morir a España y se entierra en Génova (el dinero se gasta en las campañas militares inútiles y en el lujo cortesano español; en Génova estaban los bancos más importantes); etc.

SOR JUANA INÉS DE LA CRUZ

Juana Ramírez de Asbaje (1651-1695) nació y murió en México. Hija de padre español y madre criolla, destacó por su excepcional inteligencia y su belleza sin par.

Su literatura está marcada por los autores españoles más importantes de la época: Góngora, Quevedo y Calderón. En su obra destacan la poesía lírica y el gusto popular ha seleccionado el poema en redondillas que comienza con «Hombres necios que acusáis...». En esta obra la poetisa recuerda a los hombres la inconsistencia de sus ideas respecto a las damas (la mujer, «si no os admite es ingrata, y si os admite, es liviana») y, sobre todo, muestra la elegancia y el ingenio de una mujer excepcional. En distinto tono pero en el mismo sentido puede consultarse la *Respuesta a sor Filotea.*

28. HOMBRES NECIOS QUE ACUSÁIS...

ARGUYE DE INCONSECUENTES EL GUSTO Y LA CENSURA DE LOS HOMBRES QUE EN LAS MUJERES ACUSAN LO QUE CAUSAN

Hombres necios que acusáis
a la mujer sin razón,
sin ver que sois la ocasión
de lo mismo que culpáis:

si con ansia sin igual
solicitáis su desdén,
¿por qué queréis que obren bien
si las incitáis al mal?

Combatís su resistencia
y luego, con gravedad,
decís que fue liviandad
lo que hizo la diligencia.

Parecer quiere el denuedo
de vuestro parecer loco,
al niño que pone el coco
y luego le tiene miedo.

Queréis, con presunción necia,
hallar a la que buscáis,
para pretendida, Thais,
y en la posesión, Lucrecia.

¿Qué humor puede ser más raro
que el que, falto de consejo,
él mismo empaña el espejo,
y siente que no esté claro?

Con el favor y el desdén
tenéis condición igual,
quejándoos, si os tratan mal,
burlándoos, si os tratan bien.

Opinión, ninguna gana;
pues la que más se recata,
si no os admite, es ingrata,
y si os admite, es liviana.

Siempre tan necios andáis
que, con desigual nivel,
a una culpáis por cruel
y a otra por fácil culpáis.

¿Pues cómo ha de estar templada
la que vuestro amor pretende,
si la que es ingrata ofende,
y la que es fácil enfada?

Mas, entre el enfado y pena
que vuestro gusto refiere,
bien haya la que no os quiere
y quejaos en hora buena.

Dan vuestras amantes penas
a sus libertades alas,
y después de hacerlas malas
las queréis hallar muy buenas.

¿Cuál mayor culpa ha tenido
en una pasión errada:
la que cae de rogada
o el que ruega de caído?

¿O cuál es más de culpar,
aunque cualquiera mal haga:
la que peca por la paga
o el que paga por pecar?

Pues ¿para qué os espantáis
de la culpa que tenéis?
Queredlas cual las hacéis
o hacedlas cual las buscáis.

Dejad de solicitar,
y después, con más razón,
acusaréis la afición
de la que os fuere a rogar.

Bien con muchas armas fundo
que lidia vuestra arrogancia,
pues en promesa e instancia
juntáis diablo, carne y mundo.

PEDRO CALDERÓN DE LA BARCA

Pedro Calderón de la Barca (1600-1681) es, especialmente, un dramaturgo. No puede obviarse que tenía tanto ingenio para arreglar comedias y autos sacramentales como para hacer versos, rimas y canciones. De sus obras son algunos de los fragmentos más conocidos de la literatura española y aunque pertenecen a una obra, pueden disfrutarse de forma independiente.

Calderón de la Barca se formó en Alcalá y Salamanca, y aunque su vida no fue tan agitada como la de Lope o el Conde de Villamediana, también se le conocen algunos raptos de genio, como el famoso «O esto es malo o bueno; si es bueno, no se me obste; y si es malo, no se me mande», dirigido a los miembros de la Inquisición, con motivo de cierta representación. Pero Calderón es sobre todo autor teatral; un autor de comedias. En su obra se encuentran *La dama duende, No hay cosa como callar,*

Casa con dos puertas mala es de guardar, El pintor de su deshonra, El alcalde de Zalamea o *La vida es sueño.* De este último drama se ha seleccionado un monólogo. La idea de Vida=Sueño o la incomprensión del sufrimiento no son son motivos poéticos típicos en la dramaturgia barroca. Lo genial en Calderón es el modo de disponer poéticamente los argumentos, la perfección formal y el «ingenio» barroco. Conoce los recursos para triunfar en la escena y los pone en acción; sea al servicio de la mentalidad contrarreformista que vigilaba las comedias, o al de quien las pagaba: el pueblo.

29. Soliloquio de Segismundo, en *La vida es sueño.* (Fragmento)

¡Ay, mísero de mí, y ay, infelice!
Apurar, cielos, pretendo,
ya que me tratáis así
qué delito cometí
contra vosotros, naciendo;
aunque si nací, ya entiendo
qué delito he cometido:
bastante causa ha tenido
vuestra justicia y rigor,
pues el delito mayor
del hombre es haber nacido.

Sólo quisiera saber
para apurar mis desvelos
(dejando a una parte, cielos,
el delito de nacer),
qué más os pude ofender
para castigarme más.
¿No nacieron los demás?
Pues si los demás nacieron,
¿qué privilegios tuvieron
que yo no gocé jamás?

Nace el ave, y con las galas
que le dan belleza suma,
apenas es flor de pluma
o ramillete con alas,
cuando las etēreas salas
corta con velocidad,
negándose a la piedad
del nido que deja en calma;
¿y teniendo yo más alma,
tengo menos libertad?

Nace el bruto, y con la piel
que dibujan manchas bellas,
apenas signo es de estrellas
(gracias al docto pincel)
cuando atrevida y cruel
la humana necesidad
le enseña a tener crueldad,
monstruo de su laberinto;
¿y yo, con mejor instinto,
tengo menos libertad? [...]

TIRSO DE MOLINA

Gabriel Téllez, llamado Tirso de Molina (1579-1648), fue un clérigo de la Orden de la Merced que tuvo que lidiar frecuentemente entre las necesidades piadosas y su verdadera vocación cómica y teatral. Viajero incansable, político religioso y, sobre todo, humanista y dramaturgo, sufrió los ataques morales contra las comedias y tuvo que soportar la censura de sus obras en Madrid, por orden del Conde-duque de Olivares. El autor era un defensor de la comedia instaurada por Lope de Vega: teatro para entretener, para divertir, acaso para moralizar: un espectáculo de la acción y la palabra. Compuso una serie de comedias de enredo: amor, cortejo, confusión, celos, duelos, gracias, intriga, tensión: *Marta la piadosa* y *Don Gil de las calzas verdes,* escritas en torno a 1615, son buena muestra de este estilo, aunque sean más populares *El vergonzoso en palacio* y *La villana de Vallecas.*

Por otro lado, la figura de Tirso de Molina va unida, en la historia literaria, a su drama *El burlador de Sevilla y convidado de piedra* (1627). Por primera vez aparece una figura decisiva en la literatura continental: Don Juan, el burlador, el tremendo gozador de mujeres, al que Tirso mandará a los infiernos de mano de la milagrosa estatua de don Gonzalo, y a quien doscientos años después Zorrilla elevará a los altares por medio del arrepentimiento amoroso. La obra más lograda de Tirso de Molina es *El condenado por desconfiado,* en la cual se pone de manifiesto, su pericia dramática, y su habilidad poética.

30. MONÓLOGO DE PAULO, EN *EL CONDENADO POR DESCONFIADO,* JORNADA I, ESCENA III. (FRAGMENTO)

¡Qué desventura!
¡Y qué desgracia, cierta, lastimosa!
El sueño me venció, viva figura,
por lo menos imagen temerosa,
de la muerte cruel; y al fin rendido,
la devota oración puse en olvido.
Siguióse luego al sueño otro, de suerte,
sin duda, que a mi Dios tengo enojado,
si no es que acaso el enemigo fuerte
haya aquesta ilusión representado.
Siguióse al fin, ¡ay Dios!, de ver la muerte.
¡Qué espantosa figura! ¡Ay, desdichado!

Si el verla en sueño causa tal quimera,
el que vivo la ve, ¿qué es lo que espera?
Tiróme el gollpe con el brazo diestro;
no cortó la guadaña; el arco toma:
la flecha tiene en el derecho, en el siniestro
el arco mismo que altiveces doma;
tiróme al corazón: yo que me muestro
al golpe herido, por que al cuerpo coma
la madre tierra como a su despojo,
desencarcelo al alma, al cuerpo arrojo.
Salió el alma en un vuelo, en un instante
vi de Dios la presencia. ¡Quién pudiera
no verle entonces! ¡Qué cruel semblante!
Resplandeciente espada y justiciera
en la derecha mano y arrogante
(como ya por derecho suyo era)
el fiscal de las almas miré a un lado,
que aun con ser victorioso estaba airado.

[...]

Treinta años de edad tengo, Señor mío,
y los diez he gastado en el desierto,
y si viviera un siglo, un siglo fío
que lo mismo ha de ser: esto os advierto.
Si esto cumplo, Señor, con fuerza y brío,
¿Qué fin he de tener? Lágrimas vierto.
Respondedme, Señor, Señor eterno,
¿He de ir a vuestro cielo, o al infierno?

Un ermitaño, llamado Paulo, sueña que se ve a sí mismo condenado al infierno (extracto seleccionado). Pide a Dios que resuelva la duda sobre su destino tras la muerte, pues si va a ser condenado, abandonará su vida penitencial.

Poesía Ilustrada y Prerromántica

El siglo XVIII es el Siglo de las Luces, de la Ilustración: renace la confianza en las posibilidades del conocimiento. La literatura reniega de la vacuidad barroca y aparecen en España libros donde se menosprecia e insulta a Góngora y a Calderón de la Barca. La mirada se vuelve hacia los poetas de la elegancia, del verso claro: se recupera a Garcilaso y Herrera y reaparecen los motivos clásicos. Esta vuelta a la idílica Edad Dorada de la Antigüedad es el Neoclasicismo. Resurgen pastores en campos amenos, el arroyuelo y la florecilla, los amores delicados, los lastimeros ecos... Se recurre a Píndaro y Anacreonte, autores griegos idealizados, sobre los cuales se realizan poesías en ambientes bucólicos. La estética «rococó» es la cima de ese estilo delicado, ajeno a todo lo que no sean sentimientos ligeros, amorosos, gozosos.

La Ilustración española ofrece otras variedades poéticas ya que la tendencia común en Europa desde la primera mitad del siglo generada por la conciencia del «espíritu filosófico», sólo se va a desarrollar en España a partir de la tutoría de Jovellanos sobre Meléndez Valdés, Cadalso y el grupo de poetas salmantinos. Esta poesía ha tenido poca consideración entre la crítica especializada, a pesar de constituir un elemento decisivo en la formación del romanticismo. La poesía filosófica trata de exaltar la poesía como ilustración (poemas didácticos) y escuela de ciudadanía; es virtud y ejemplificación moral. El progreso de los pueblos reside en el progreso moral de los ciudadanos, en el científico y en el político hacia la libertad. La gloria del hombre llegará mediante la asunción de la igualdad, la fraternidad, la libertad...

En el siglo XVIII cobra auge el hombre sensible: la sensibilidad es prueba del progreso humano hacia sociedades mejores y más avanzadas. Pero cuando se convierte en dolor ante la muerte y el sufrimiento, aparecen los poemas desesperados, la soledad, la melancolía... comienza la estética romántica.

NICOLÁS FERNÁNDEZ DE MORATÍN

Nicolás Fernández de Moratín (1737-1780) es autor de tres tragedias medianas (*Lucrecia, Hormesinda* y *Guzman el Bueno*) y de una comedia (*La petimetra*), pero su fama la debe a ser padre de Leandro Fernández de Moratín, cumbre de la comedia neoclásica con *La comedia nueva* y *El sí de las niñas*. Autor de extensos poemas didácticos y heroicos, siguió de cerca los presupuestos neoclásicos. Presenta la cara pícara de la Ilustración en su *Arte de las putas*, la cima erótica del XVIII junto a los poemas de Samaniego. Aquí se reproduce un poema (epigrama) en la más pura tradición clásica (versos irónicos, sarcásticos o burlescos, con fines didácticos o moralizantes).

31. EPIGRAMA. SABER SIN ESTUDIAR

Admiróse un portugués
de ver que en su tierna infancia
todos los niños de Francia
supiesen hablar francés.
«Arte diabólica es»,
dijo, torciendo el mostacho,
«que para hablar en gabacho,
un fidalgo en Portugal
llega a viejo, y lo habla mal;
y aquí lo parla un muchacho».

JOSÉ CADALSO

Durante mucho tiempo las *Cartas Marruecas* se consideraron lo mejor de José Cadalso y Vázquez (1741-1782), pero la crítica hoy destaca las *Noches lúgubres* y su poesía apasionada.

La historia que se cuenta de José Cadalso ha contribuido a presentarlo como el primer romántico español. Al parecer, estaba enamorado de una actriz llamada Maria Ignacia Ibáñez (su *Filis* poética). La muerte de su amada le trastornó el juicio; se dice que intentó desenterrarla para llevársela a su casa y (como en sus *Noches*) prender fuego a su domicilio.

32. A LA MUERTE DE FILIS

En lúgubres cipreses
he visto convertidos

los pámpanos de Baco
y de Venus los mirtos;
cual ronca voz el cuervo
hiere mi triste oído
el siempre dulce tono
del tierno jilguerillo;
ni murmura el arroyo
con delicioso trino;
resuena cual peñasco
con olas combatido.
En vez de los corderos
de los montes vecinos,
rebaños de leones
bajar con furia he visto;
del sol y de la luna
los carros fugitivos
esparcen negras sombras
mientras dura su giro;
las pastoriles flautas,
que tañen mis amigos,
resuenan como truenos
del que reina en Olimpo.
Pues Baco, Venus, aves,
arroyos, pastoricillos,
sol, luna, todos juntos
miradme comprensivos,
y a la ninfa que amaba
al infeliz Narciso,
mandad que diga al orbe
la pena de Dalmiro.

En muchos aspectos, éste se considera el primer poema romántico de nuestra literatura: en él, todos los motivos neoclásicos se tornan oscuros y siniestros. La anacreóntica dieciochesca necesitaba los «pámpanos de Baco», «los mirtos», el «delicioso trino» de las aves o las «pastoriles flautas». Ante la muerte de la amada el paisaje neoclásico y arcádico se torna romántico: aparecen los «lúgubres cipreses», la «ronca voz del cuervo», el mar golpeando las olas o la tormenta en las montañas: y éstas serán las imágenes de los poetas románticos. Los últimos cuatro versos hacen referencia a Narciso y Eco; la ninfa habitaba el monte Helicón y se enamoró del hermoso Narciso, pero éste la despreció y ella murió de amor quedando sólo en las montañas su voz. *Dalmiro* es el nombre poético de Cadalso.

FÉLIX MARÍA DE SAMANIEGO

Una de las instituciones más conocidas de la Ilustración en España fue la Sociedad Vascongada de Amigos del País, constituida por nobles interesados en las artes y en las ciencias. De ella tomó parte Félix María de Samaniego (1745-1801), como noble e intelectual ilustrado. Aunque participó activamente en algunas disputas literarias (contra García de la Huerta o contra Iriarte), el autor riojano no tuvo especial interés en divulgar su obra. Sus *Fábulas morales* (1781) se deben a un encargo académico, pero la sencillez de las poesías y su interés didáctico, tan propio del Siglo de las Luces, hicieron de este libro todo un clásico escolar y popular. Samaniego se basó en los grandes clásicos fabulistas (Fedro y Esopo) y en otros europeos modernos, aunque fue La Fontaine su mayor fuente de inspiración. De su obra se ha seleccionado este ejemplo que es un verdadero clásico.

33. La cigarra y la hormiga

Cantando la cigarra
pasó el verano entero,
sin hacer previsiones
allá para el invierno;
los fríos la obligaron
a guardar silencio
y a acogerse al abrigo
de su estrecho aposento.
Vióse desproveída
del preciso sustento:
sin mosca, sin gusano,
sin trigo y sin centeno.

Habitaba la Hormiga
allí tabique en medio,
y con mil expresiones
de atención y respeto
la dijo: «Doña Hormiga,
pues que en vuestro granero
sobran las provisiones
para vuestro alimento,
prestad alguna cosa
con que viva este invierno
esta triste Cigarra,
que, alegre en otro tiempo,
nunca conoció el daño,
nunca supo temerlo.

No dudéis en prestarme;
que fielmente prometo
pagaros con ganancias,
por el nombre que tengo».

La codiciosa Hormiga
respondió con denuedo,
ocultando a la espalda
las llaves del granero:
«¡Yo prestar lo que gano
con un trabajo inmenso!
Dime, pues, holgazana,
¿qué has hecho en el buen tiempo?».]
«Yo», dijo la Cigarra,
«a todo pasajero
cantaba alegremente,
sin cesar ni un momento».
«¡Hola! ¿Conque cantabas
cuando yo andaba al remo?
Pues ahora, que yo como,
baila, pese a tu cuerpo.»

TOMÁS DE IRIARTE

Las polémicas con Samaniego por la primacía en la fábula neoclásica no impidieron a Tomás de Iriarte (1782-1791) mezclarse en otras disputas con escritores de su tiempo. Mientras traducía la preceptiva horaciana, escribía algunas comedias neoclásicas y un extenso poema titulado *La música.*

Su figura se asocia a las fábulas: en su libro *Fábulas literarias,* de 1782, se declaraba como el primer autor de fábulas «enteramente originales», lo cual enfadó a Samaniego que había publicado sus *Fábulas morales* un año antes. El poema siguiente presenta una de las ideas más debatidas a lo largo del siglo XVIII: la necesidad de las reglas del arte. Los neoclásicos solían estar de acuerdo con la preceptiva clásica, pero serán los románticos quienes darán carpetazo a las rigideces estéticas y a la normativa moral impuesta por la doctrina ilustrada.

34. EL BURRO FLAUTISTA

Esta fabulilla,
salga bien o mal,
me ha ocurrido ahora
por casualidad.

Cerca de unos prados
que hay en mi lugar,
pasaba un borrico
por casualidad.

Una flauta en ellos
halló, que un zagal
se dejó olvidada
por casualidad.

Acercóse a olerla
el dicho animal,
y dio un resoplido
por casualidad.

En la flauta el aire
se hubo de colar,
y sonó la flauta
por casualidad.

«¡Oh!» dijo el borrico;
«¡qué bien sé tocar!
¡Y dirán que es mala
la música asnal!»

Sin reglas de arte,
borriquitos hay
que una vez aciertan
por casualidad.

JUAN MELÉNDEZ VALDÉS

El mejor poeta del siglo XVIII, hoy prácticamente olvidado, y uno de los grandes autores de nuestra literatura (1754-1817). Su formación académica en la Universidad de Salamanca se une a la formación poética junto a Jovellanos y Cadalso. Su cátedra universitaria o sus posteriores trabajos para la magistratura judicial, y los avatares políticos hasta su muerte en el exilio francés, no impidieron que desarrollara una intensa labor como literato. Son famosos sus poemas de estilo rococó, delicado y sensual («El ricito» o «El lunarcito»), sus anacreónticas y otros poemas ligeros. Entre sus obras mayores están: los poemas al gusto de Jovellanos, poemas filosóficos a los que da un giro nuevo basándolo todo en una subjetividad y en un dolor agónico sincero.

35. Oda anacreóntica. A Dorila

¡Cómo se van las horas,
y tras ellas los días,
y los floridos años
de nuestra frágil vida!

La vejez luego viene,
del amor enemiga,
y entre fúnebres sombras
la muerte se avecina,

que escuálida y temblando,
fea, informe, amarilla,
nos aterra, y apaga
nuestros fuegos y dichas.

El cuerpo se entorpece,
los ayes nos fatigan,
nos huyen los placeres
y deja la alegría.

Si esto, pues, nos aguarda,
¿para qué, mi Dorila,
son los floridos años
de nuestra frágil vida?

Para juegos y bailes,
y cantares y risas
nos los dieron los cielos,
las Gracias los destinan.

Ven, ¡ay!, ¿qué te detienes?
Ven, ven, paloma mía,
debajo de estas parras
do lene el viento aspira,

y entre brindis suaves
y mimosas delicias
de la niñez gocemos
pues vuela tan aprisa.

ROMANTICISMO Y SIGLO XIX

La literatura atraviesa un período tan convulso como la historia: Europa se ve sometida a la revolución francesa y a las invasiones napoleónicas. La mentalidad liberal cala en los jóvenes que increpan al poder absolutista de los reyes; los pueblos exigen libertad y las revueltas ratifican el sentimiento popular. En España, la revolución se mezcla con la necesidad de expulsar a los franceses invasores, y el fraude monárquico de Fernando VII se interpone en las aspiraciones del pueblo. El romanticismo no se ciñe a las páginas literarias: invade e impregna todos los ámbitos. «Quien diga que no estamos en revolución, que vaya al teatro...», escriben los periodistas.

La revolución literaria llegó de manos de Goethe y su Werther suicida, de Schiller y los bandidos revolucionarios, del Hernani de Victor Hugo, del monstruo de Frankenstein de Mary Shelley dando paso a una de las épocas más brillantes de la literatura europea, tanto en su forma literaria como en los fundamentos de su pensamiento (Kant, Schiller, Schelling, Fichte).

En España el romanticismo llegó con Meléndez Valdés a finales del siglo XVIII; pero serán los poetas del exilio londinense (Rivas, sobre todo) quienes impulsarán las nuevas formas y presupuestos literarios de la época. La cumbre romántica es, sin duda, Espronceda.

El poeta romántico es solitario, nocturno. Recurre a los lugares sombríos en busca de una sensación particular. En su mente anida la idea (la locura idealista) de que su alma es superior a cuanto existe; él mismo es superior al mundo que le ha tocado vivir, a la miseria material que le rodea. Es el mejor de los hombres: conoce la justicia, la libertad, la humanidad, los verdaderos sentimientos, pero el resto del mundo es incapaz de valorarlo. Tiende a la infinitud de la noche, del mar o de la tormenta porque en estos objetos comprende su verdadera formación espiritual y se sabe divino. Sólo comprendiendo esta mentalidad es posible comprender a los románticos; sus contradicciones se basan en el inmenso amor que pueden desplegar, o del odio que son capaces de sentir.

El siglo XIX verá la caída inevitable del romanticismo, autodestructivo y suicida en su mismo origen. De él, sin embargo, nace toda la poesía posterior hasta nuestros días. El post-romanticismo de Gustavo Adolfo Bécquer ha olvidado el terrible aparato de horror de principios de siglo, y se vuelve hacia el interior, tocando la sensibilidad del gusto burgués. El modernismo (simbolismo en Europa) aborda, con Rubén Darío, el brillo del lenguaje, el exotismo, el erotismo... una languidez cómoda o turbadora que dará sus mejores frutos a comienzos del siglo XX.

**ÁNGEL DE SAAVEDRA,
DUQUE DE RIVAS**

La crítica literaria tradicional ha señalado la leyenda romanceada de *El moro expósito* (1834) como la piedra angular del romanticismo literario español. Y más aún, el prólogo escrito por Alcalá Galiano en el que se examina el romanticismo europeo y la historia del movimiento. Pero tanto el prólogo como el romance están sobrevalorados literariamente y pueden encontrarse documentos anteriores más importantes y más relevantes para definir el panorama romántico español.

Ángel de Saavedra, Duque de Rivas (1791-1865), es autor de un importante drama romántico: *Don Álvaro o la fuerza del sino* (1835), del cual decían las reseñas periodísticas que era el índice de la revolución romántica. La amargura, el amor imposible, la desgracia y el horror, todo se une en su vida para empujarlo al abismo.

36. *DON ÁLVARO O LA FUERZA DEL SINO. (FRAGMENTO)*
MONÓLOGO DE DON ÁLVARO, JORNADA III, ESCENA 3.ª

¡Qué carga tan insufrible
es el ambiente vital
para el mezquino mortal
que nace en sino terrible!
¡Qué eternidad tan horrible
la breve vida! Este mundo,
¡qué calabozo profundo
para el hombre desdichado
a quien mira el cielo airado
con su ceño furibundo!
Parece, sí, que a medida
que es más dura y más amarga,

más extiende, más alarga
el destino nuestra vida.
Si nos está concedida
sólo para padecer,
y debe muy breve ser
la del feliz, como en pena
de que su objeto no llena,
¡terrible cosa es nacer!
Al que tranquilo, gozoso,
vive entre aplausos y honores,
y de inocentes amores
apura el cáliz sabroso;
cuando es más fuerte y brioso,
la muerte sus dichas huella,
sus venturas atropella;
y yo, que infelice soy,
yo, que buscándola voy,
no puedo encontrar con ella.

JUAN EUGENIO DE HARTZENBUSCH

Su nombre está ligado al drama titulado *Los amantes de Teruel* (1837), que narra los desventurados amores de Diego Marsilla e Isabel Segura. Juan Eugenio de Hartzenbusch (1806-1880) dedicó también sus esfuerzos literarios no sólo a la creación en sí misma, sino además a la labor crítica, que desarrolló en la edición de las obras de Cervantes, Calderón y Lope de Vega.

Su poesía lírica y dramática no deja dudas sobre su filiación romántica: fue seguidor de los románticos europeos y recogió la tradición española en sus obras. Aquí se transcribe un fragmento de su obra más representativa: *Los amantes de Teruel* en el que hace toda una declaración de los fines románticos de la existencia.

37. MARSILLA, EN *LOS AMANTES DE TERUEL*; ESCENA V DEL PRIMER ACTO

Mi nombre es Diego Marsilla,
y cuna Teruel me dio,
ciudad que ayer fundó
del Turia en la fresca orilla,
cuyos muros entre horrores
de guerra atroz levantados,
fueron con sangre amasados
de sus fuertes pobladores.
Al darme el humano ser,
quiso sin duda el Señor
destinar al fino amor
un hombre y una mujer,
y para hacer igualdad
de sus afectos cumplida,
les dio un alma en dos partida,
y dijo: «Vivid y amad».
A esta luz generadora
Isabel y yo existimos,
y la luz del cielo vimos
en un día y una hora.
Desde los años más tiernos
fuimos rendidos amantes,

desde que nos vimos, antes
nos amábamos de vernos;
y parecía un querer
tan firme en almas de niño,
recuerdo de otro cariño
tenido antes de nacer.
Ciegos ambos para el mundo,
que tampoco nos veía,
nuestra existencia corría
en sosiego tan profundo,
en tanta felicidad,
que mi limitada idea
mayor no alcanza que sea
la gloria en la eternidad.

JOSÉ DE ESPRONCEDA

De la mano de Alberto Lista aprendió José de Espronceda y Delgado (1808-1842) los recursos de la poesía clasicista. Sin embargo, los ideales políticos y revolucionarios le fuerzan a buscar otros argumentos, de donde nace la famosa «Canción del pirata», al arrimo de la figura de Lord Byron.

La vida de Espronceda es romántica: fundador de una sociedad secreta, reclusión en un convento, exilio voluntario, exaltación liberal y revolucionaria, periodista incendiario, amante byroniano y diputado en las Cortes españolas. Aunque corta, no impidió que dejara para la posteridad verdaderas joyas del arte romántico: *El estudiante de Salamanca*, la novela *Sancho Saldaña* y el inacabado poema *El diablo mundo.*

Se reproducen aquí dos fragmentos del mejor Espronceda: la sobradamente conocida «Canción del pirata», pertenece a la serie de cantos libertarios y sociales («El mendigo» o «El verdugo»), aunque la proclamación de libertad expuesta en esta canción supera cualquier otro ejemplo. *El estudiante de Salamanca* es una recreación poética del clásico burlador de damas, pero aderezado con la especialísima visión de la muerte romántica.

38. CANCIÓN DEL PIRATA (FRAGMENTO)

Con diez cañones por banda,
viento en popa, a toda vela,
no corta el mar, sino vuela
un velero bergantín.

Bajel pirata que llaman,
por su bravura, el Temido,
en todo el mar conocido
del uno al otro confín.

La luna en el mar riela,
en la lona gime el viento,
y alza en blando movimiento
olas de plata y azul;
y ve el capitan pirata,
cantando alegre en la popa,
Asia a un lado, al otro Europa
y allá a su frente Estambul.

«Navega, velero mío,
sin temor,
que ni enemigo navío,
ni tormenta, ni bonanza
tu rumbo a torcer alcanza,
ni a sujetar tu valor.

»Veinte presas
hemos hecho
a despecho
del inglés,
y han rendido
sus pendones
cien naciones
a mis pies.

»Que es mi barco mi tesoro,
que es mi dios la libertad,
mi ley, la fuerza y el viento,
mi única patria, la mar. [...]

39. *El estudiante de Salamanca*
(Fragmento)

Está la noche serena,
de luceros coronada,
terso el azul de los cielos
como transparente gasa.

Melancólica la luna
va trasmontando la espalda
del otero: su alba frente
tímida apenas levanta,

y el horizonte ilumina,
pura virgen solitaria,
y la blanca luz suave
el cielo y la tierra baña.
[...]

¡Ah!, llora, sí, ¡pobre Elvira!
¡Triste amante abandonada!
Estas hojas de esas flores
que distraída tú arrancas,

¿sabes dónde, infeliz,
el viento las arrebata?
Donde fueron tus amores,
tu ilusión y tu esperanza:
deshojadas y marchitas,
¡pobres flores de tu alma!

GERTRUDIS GÓMEZ DE AVELLANEDA

La vida de Gertrudis Gómez de Avellaneda (1814-1873) está marcada por la desgracia: desde su salida de la isla de Cuba, donde nació, la muerte parece rodearla continuamente, a la par que su ánimo apasionado le crea conflictos que se dejan traslucir en su obra. Valorada en justicia por sus coetáneos (Lista, Menéndez Pelayo, Pastor Díaz o Fernán Caballero) y premiada en las instituciones poéticas más prestigiosas (aunque se le vetó el acceso a la Academia), esta mujer es la representante máxima de la literatura romántica femenina. Su obra poética refleja la ajetreada vida sentimental de la autora, y de este modo, el poema «A él» no es sino una epístola, una carta de despedida del poeta Gabriel García Tassara, con el que vivió un apasionado y turbulento romance.

40. A ÉL

No existe lazo ya: todo está roto:
plúgole al cielo así: ¡bendito sea!
Amargo cáliz con placer agoto:
mi alma reposa al fin: nada desea.

Te amé, no te amo ya: piénsolo al menos:
¡nunca, si fuere error, la verdad mire!
Que tantos años de amarguras llenos
trague el olvido, el corazón respire.

Lo has destrozado sin piedad: mi orgullo
una vez y otra vez pisaste insano...
Mas nunca el labio exhalará un murmullo
para acusar tu proceder tirano.

De graves faltas vengador terrible,
dócil llenaste tu misión. ¿lo ignoras?
No era tuyo el poder que irresistible
postró ante ti mis fuerzas vencedoras.

¡Quísolo Dios y fue: gloria a su nombre!
Todo se terminó: recobro aliento:
¡ángel de las venganzas! y eres hombre...
Ni amor ni miedo al contemplarte siento.

Cayó tu cetro, se embotó tu espada...
Mas, ¡ay!, ¡cuán triste libertad respiro!
Hice un mundo de ti, que hoy se anonada,
y en honda y vasta soledad me miro.

¡Vive dichoso tú! Si en algún día
ves este adiós que te dirijo eterno,
sabe que aún tienes en el alma mía
generoso perdón, cariño tierno.

JOSÉ ZORRILLA

Su argumento, conocido desde varios siglos antes (Tirso de Molina); sus versos, brillantes, ingeniosos, elegantes, repetidos hasta la saciedad; la fama, inmediata e indiscutible hasta nuestros días; el autor: don José Zorrilla y Moral (1817-1893), el dramaturgo que puso en escena el inconcebible amor del burlador don Juan Tenorio y la ingenua doña Inés.

Se dio a conocer en el funeral de *Fígaro*, donde recitó un poema a la memoria del periodista. La década de 1840 supone la gloria dramática de Zorrilla, época en la que firma *El zapatero y el rey*, *El puñal del godo*, *El alcalde Ronquillo*, *Traidor, inconfeso y mártir* y el *Don Juan*. Tanto su poesía dramática como sus incursiones en la lírica destilan una brillantez formal indudable, un manejo excepcional de los recursos escénicos y una mentalidad romántica muy peculiar: el romanticismo que encantaba a las damas burguesas del teatro madrileño («hablar mucho sin decir nada», según el propio autor). La crítica ha preferido las leyendas, más cercanas a la capacidad narrativa y dramática de Zorrilla, donde el autor vuelve a expresarse con todo el vigor de un talento excepcional.

41. DON JUAN CORTEJA DOÑA INÉS, (FRAGMENTO) DE *DON JUAN TENORIO*, ACTO IV, ESCENA TERCERA

¡Cálmate, pues, vida mía!
Reposa aquí, y un momento
olvida de tu convento
la triste cárcel sombría.

¡Ah! ¿No es cierto, ángel de amor,
que en esta apartada orilla
más pura la luna brilla
y se respira mejor?

Esta aura que vaga llena
de los sencillos olores
de las campesinas flores
que brota esa orilla amena;
esa agua limpia y serena
que atraviesa sin temor
la barca del pescador
que espera cantando al día,
¿no es cierto, paloma mía,
que están respirando amor?

¡Oh! Sí, bellísima Inés,
espejo y luz de mis ojos;
escucharme sin enojos;
como lo haces, amor es:
mira aquí a tus plantas, pues,
todo el altivo rigor
de este corazón traidor
que rendirse no creía,
adorando, vida mía,
la esclavitud de tu amor.

GUSTAVO ADOLFO BÉCQUER

Bécquer ha sido considerado tradicionalmente el representante máximo de la lírica romántica. Sin embargo, sus métodos, su formulación poética y la época tardía de su producción distan bastante de la original poesía romántica de la primera mitad del siglo. Gustavo Adolfo Claudio Domínguez Bastida (Bécquer es un apellido familiar de raigambre flamenca) era un literato muy consciente de su trabajo, a pesar de la aparente sencillez de sus versos. En su obra se funden dos elementos primordiales; el primero atañe a la desintegración del romanticismo: se llama la «estética del sentimiento», muy popular desde el siglo XVIII. (Los románticos son apasionados, no sentimentales.) Esta idea fundamental rebaja la agresividad propia de los románticos y también destruye la imaginería típica del movimiento: se eliminan las noches lúgubres, lo terrorífico, e incluso la mayoría de los elementos sublimes y terribles (mar, noche, fantasmas, etc.); y se introduce lo que la crítica ha denominado «lenguaje de lo evanescente» (ambiente inaprensible, vaporoso, fantasmal, susurrante, cercano a la ensoñación). La segunda motivación consciente de Bécquer es la filiación germánica de su obra poética. Del poeta aleman Heinrich Heine procede el gusto del sevillano por la descripción de la intimidad, por lo aparentemente popular o sencillo. Bécquer recupera un tono muy cercano al diálogo sentimental del pueblo, y éste le ha devuelto el guiño convirtiéndolo en el poeta más repetido hasta nuestros días.

La fama de la rima LIII sólo es comparable en su siglo a la «Canción del pirata» de Espronceda o a la declaración de amor de don Juan Tenorio. La minuciosa elaboración poética de Bécquer se muestra aquí en el uso del paralelismo, e ideológicamente en la contraposición de la invariabilidad de los ciclos naturales frente a la ruptura amorosa. La crítica ha estudiado con detalle la conocida declaración de la poesía de la rima XXI («Poesía... ¡eres tú!») y ha demostrado que Bécquer identificaba el puro sentimiento (poesía) con la mujer, en una elaboración ideológica un tanto anticuada y misógina (como el animal pasional de Galdós). La mayoría de las imágenes de Bécquer van a traspasar su siglo, van a influir decisivamente en el inmediato movimiento modernista. También van a extenderse en las aulas y en los amores adolescentes, los cuales han comprendido a Bécquer sólo parcialmente, como un poeta sentimental, y por tanto se han obviado elementos decisivos de su obra: concepción de la poesía como descripción emocional, estructuras básicas que remiten a la herencia popular modificada, concepción del mundo basada en el triángulo amor-naturaleza-poesía, su patética expresión de la muerte.

42. RIMA LIII

Volverán las oscuras golondrinas
en tu balcón sus nidos a colgar,
y otra vez con el ala a sus cristales
jugando llamarán

Pero aquellas que el vuelo refrenaban
tu hermosura y mi dicha al contemplar;
aquellas que aprendieron nuestros nombres,
ésas... ¡no volverán!

Volverán las tupidas madreselvas
de tu jardín las tapias a escalar,
y otra vez a la tarde, aún más hermosas,
sus flores se abrirán.

Pero aquellas cuajadas de rocío
cuyas gotas mirábamos temblar
y caer como lágrimas del día...
ésas... ¡no volverán!

Volverán del amor en tus oídos
las palabras ardientes a sonar;
tu corazón, de su profundo sueño
tal vez despertará.

Pero mudo y absorto y de rodillas
como se adora a Dios ante su altar,
como yo te he querido... desengáñate,
¡así... no te querrán!

43. Rima xxi

«¿Qué es poesía?» dices mientras clavas
en mi pupila tu pupila azul.
¿Qué es poesía? ¿Y tú me lo preguntas?
Poesía... ¡eres tú!

44. Rima xxiii

Por una mirada un mundo;
por una sonrisa, un cielo;
por un beso... ¡yo no sé
qué te diera por un beso!

45. Rima xix

Cuando sobre el pecho inclinas
la melancólica frente,
una azucena tronchada
me pareces.

Porque al darte la pureza,
de que es símbolo celeste,
como a ella te hizo Dios
de oro y nieve.

46. Rima xxxviii

Los suspiros son aire y van al aire.
Las lágrimas son agua y van al mar.
Dime, mujer: cuando el amor se olvida,
¿sabes tú donde va?

47. Rima vii

Del salón en el ángulo oscuro,
de su dueño tal vez olvidada,
silenciosa y cubierta de polvo
veíase el arpa.

¡Cuánta nota dormía en sus cuerdas,
como el pájaro duerme en las ramas,
esperando la mano de nieve
que sabe arrancarlas!

¡Ay!, pensé, ¡cuántas veces el genio
así duerme en el fondo del alma
y una voz, como Lázaro, espera
que le diga: «Levántate y anda!».

ROSALÍA DE CASTRO

Junto a Bécquer, Rosalía de Castro (1837-1885) llena el espacio de la poesía posromántica: ambos cierran el aparato romántico, sus desatadas pasiones y su violenta literatura; a cambio, Bécquer ensaya una vaporosa intimidad, cuya aparente sencillez le ha valido el elogio (y la incomprensión) de sus seguidores. Por su lado, Rosalía de Castro trae a la literatura española toda la dulzura de su lengua, teñida de castellanismos, pero muy cercana al habla popular que conoció en Ortoño y Santiago.

En *Cantares gallegos* (1863) apareció el siguiente poema, en el que persigue la intención de los antiguos poetas: un cantar popular da el pie para glosarlo y explicarlo de modo poético. Escrito en Madrid, inaugura una revitalización (y de paso una reivindicación) de la lengua, la literatura y la cultura gallegas, movimiento conocido como *Rexurdimento*, en el que Rosalía de Castro comparte honores con Pondal y Curros Enríquez. *Las orillas del Sar* (1884) supone el cambio hacia formas poéticas dirigidas hacia la reflexión y la meditación. Muchas de sus imágenes rurales se mantienen, pero contienen ya valores muy distintos: son símbolos de una esperanza agotada, de una visión terrible, pero calmada de la muerte y el devenir del tiempo.

48. De Cantares Gallegos (Fragmento)

Adiós, ríos; adiós, fontes;
adiós, regatos pequenos;
adiós, vista dos meus ollos;
non sei cándo nos veremos.

Miña terra, miña terra,
terra donde me eu criéi,
hortiña que quero tanto,
figueiriñas que prantéi,

prados, ríos, arboredas,
pinares que move o vento,
paxariños piadores,
casiña do meu contento,

muíño dos castañares,
noites craras de luar,
campaniñas trimbadoras
da igrexiña do lugar,

amoriñas das silveiras
que eu lle daba ó meu amor,
camiñinos antre o millo,
¡adiós, para sempre adiós!

¡Adiós, groria! ¡Adiós, contento!
¡Deixo a casa onde nacín,
deixo a aldea que conoso
por un mundo que non vin!

Deixo amigos por estranos,
deixo a veiga polo mar,
deixo, en fin, canto ben quero...
¡Quén pudera no o deixar...!

Adiós, ríos; adiós, fuentes; adiós riachuelos pequeños; adiós, paisaje de mis ojos; no sé cuándo nos veremos. Tierra mía, tierra mía, tierra donde me crié, huertecilla que quiero tanto, higueritas que planté, prados, ríos, arboledas, pinares que mueve el viento, pajarillos cantarines, casita de mi alegría, molino de los castañares, noches claras de luna, campanillas timbradoras de la iglesia del lugar, moritas de los zarzales, que yo le daba mi amor, caminitos entre el maíz, ¡adiós, para siempre adiós! ¡Adiós, felicidad! ¡Adiós, alegría! ¡Dejo la casa en que nací, dejo la aldea que conozco por un mundo que no vi! Dejo amigos por extraños, dejo la vega por el mar, dejo, en fin, cuanto quiero bien... ¡Quién pudiera no dejarlo...!

RUBÉN DARÍO

Se ha de cerrar necesariamente el siglo XIX con la figura de Félix Rubén García Sarmiento (1867-1916). De origen nicaragüense, Rubén Darío comenzó su andadura poética en El Salvador y Chile imitando la poesía sentimental de Bécquer, pero el giro que iba a trastocar la literatura americana y española se produce en 1888, con la publicación de *Azul*. Con esta obra da comienzo el movimiento modernista. El modernismo se caracteriza por el exotismo, la brillantez del lenguaje y del verso, la elegancia, la languidez estética, el erotismo y el sensualismo, los recuerdos clásicos pero decadentes, y todo ello tras la estela de un romanticismo aburguesado, esteticista y apático.

Las obras esenciales de Rubén Darío son *Prosas profanas* (1896) y *Cantos de vida y esperanza* (1905). La famosa y delicada historia de la princesa triste pertenece a las *Prosas*, donde brillan colores, revolotean las mariposas y el aire parece embriagarse con perfumes.

49. SONATINA (FRAGMENTO)

La princesa está triste... ¿qué tendrá la princesa?
Los suspiros se escapan de su boca de fresa,
que ha perdido la risa, que ha perdido el color.
La princesa está pálida en su silla de oro,
está mudo el teclado de su clave sonoro;
y en un vaso olvidada se desmaya una flor.

El jardín puebla el triunfo de los pavos reales.
Parlanchina, la dueña dice cosas banales,
y, vestido de rojo, piruetea el bufón.
La princesa no ríe, la princesa no siente;
la princesa persigue por el cielo de Oriente
la libélula vaga de una vaga ilusión.

¿Piensa acaso en el príncipe de Golconda o de China,
o en el que ha detenido su carroza argentina
para ver de sus ojos la dulzura de luz?
¿O en el rey de las Islas de las Rosas fragantes,
o en el que es soberano de los claros diamantes,
o en el dueño orgulloso de las perlas de Ormuz?

¡Ay! La pobre princesa de la boca de rosa
quiere ser golondrina, quiere ser mariposa,
tener alas ligeras, bajo el cielo volar,
ir al sol por la escala luminosa de un rayo,
saludar a los lirios con los versos de mayo,
o perderse en el viento sobre el trueno del mar. [...]

Poesía del siglo XX

Se inicia el siglo XX en España con la imagen de un grupo de literatos que reflejan toda la amargura de un país en franca decadencia. Todo cuanto saben es que España ha perdido el vigor y la fuerza que tuvo antaño, que está sumida en el tedio, en el aburrimiento, que su economía es la miseria, que su política es el caciquismo, que la ciencia es el analfabetismo, que su pensamiento es el dejar pasar la vida. El llamado «desastre del 98» (pérdida de Cuba) no es más que una fecha para designar un verdadero desastre social y político que duraba ya casi un siglo y que se resolverá trágicamente con la Guerra Civil de 1936. Fue Azorín quien dio con el afortunado aunque poco ajustado término de «Generación del 98» en el que acabaron por englobarse escritores tan variopintos como Unamuno, Baroja, Valle-Inclán, Maeztu o Machado. Tradicionalmente se han considerado características de este grupo la preocupación por España, la íntima reflexión cercana a la filosofía, la sencillez estética, etc., rasgos todos ellos bien discutibles, teniendo en cuenta la fuerte personalidad de cada uno de los autores. El modernismo es el rasgo fundamental de la literatura de principios de siglo, pero este movimiento sólo puede considerarse como herencia decimonónica, ya que muy pronto sus mayores valedores (Antonio Machado y Juan Ramón Jiménez) abandonarán su decadentismo para buscar formas más ajustadas a su pensamiento político o poético.

Al mismo tiempo que se diluía la estética simbolista y modernista, irrumpieron las «vanguardias» (Marinetti, «Proclama futurista para españoles», 1909). Es un intento renovador absoluto: se trata de crear un nuevo lenguaje, lejos de la historia de las palabras, de los símbolos y de los gestos poéticos manidos, usados hasta el hastío: los vanguardistas están hartos, en fin, de la rosa como símbolo de la belleza. Comienza aquí un período de experimentación, ruptura e invención muy propio de los alegres años veinte, pero cuyos frutos no fueron tan excelsos como se esperaba: los poetas se cansaron pronto de «jugar con la maquinita del tren». Aunque la crítica ha señalado el «creacionismo» y el «ultraísmo» como los dos movimientos más importantes de las vanguardias, lo cierto es que fue el surrealismo el que ofreció, a la larga, una influencia decisiva y más interesante. La mayoría de los poetas pertenecientes a la Generación del 27 asumieron los postulados de las vanguardias, aunque también se incluía la veneración por Góngora o por los recursos tradicionales y clásicos de la poesía española. Pedro Salinas, Jorge Guillén, Dámaso Alonso, Gerardo Diego, Federico García Lorca, Rafael Alberti son algunos de los nombres de este grupo poético, los cuales se forjaron a sí mismos como generación y se inmortalizaron unos a otros en páginas críticas. Por esta época dejaron su huella en la poesía española creadores hispanoamericanos de la talla de Neruda (hastiado de la pretendida «poesía pura» juanramoniana).

La Guerra Civil marcaría decisivamente el desarrollo de la poesía posterior. Muchos poetas tuvieron que huir del país, algunos murieron en las cárceles franquistas y otros, olvidados lejos de su patria. La poesía abandona entonces las polémicas intelectuales: ¿quién hablaría entonces de «poesía pura» o de la «inmanencia del factor estético»? La crudelísima realidad se imponía: muerte, represión, miseria y amargura. Dámaso Alonso es la primera figura que sobresale de los escombros de la guerra, con su poemario *Hijos de la ira*, en 1944, en el que todos los avances de su generación, depurados, se ponen al servicio de una poesía dura, cruel, inquisidora, vengativa, dolorosa. Años después, la poesía se torna combativa, humanitaria: aquí llegan los versos de Blas de Otero o Celaya; junto a estos nombres se desarrolló la llamada «poesía social», en ocasiones destinada a cantar la historia gris que vivía la España del siglo XX, a rumiar arrepentimientos o culpas, a lamentarse o a dormitar en ensoñaciones casi filosóficas o estéticas. Una suerte de sentimiento de culpabilidad, de inacción, de sometimiento, de derrota, cruza toda la poesía posterior a la década de los cincuenta.

La poesía posterior (generación de los 70, novísimos, post-novísimos, generación de los 80) no puede definirse con rasgos unitarios. Más bien, es la diversidad, la ausencia de tonos y temas comunes lo que la caracteriza. La cultura pop (último gran movimiento estético), que ha dado tantas buenas muestras en otros ámbitos, trasplantada a la poesía resulta vacía y se pudre casi al instante en los epígonos del siglo XX: los poemas de antaño siguen vivos, y los actuales nacen muertos: ni se conocen, ni se leen, ni interesan a nadie.

ANTONIO MACHADO

El primer libro de poemas de Antonio Machado (1875-1939) es *Soledades* (1903). Para entonces, por su vida habían pasado los hombres y los poetas más importantes de la época. En la Institución Libre de Enseñanza (hito educativo en la España del 98) tuvo como maestro a Giner de los Ríos; en París, junto a su hermano Manuel, conocerá a Rubén Darío; y en Madrid, a Miguel de Unamuno, Ramón del Valle-Inclán y Juan Ramón Jiménez. Desde aquel primer libro, que seguía la corriente modernista de principios de siglo, el escritor sevillano va a mostrar una tendencia a reflejar la melancolía ante el transcurrir del tiempo, la ensoñación, y el símbolo filosófico («En la marmórea taza / reposa el agua muerta», de *Soledades. Galerías. Otros poemas*, 1907). Ya en su obra cumbre, *Campos de Castilla* (1912), descubre el paisaje castellano y su idea de temporalidad se muestra con más claridad, en tonos cada vez más personales, más reflexivos y casi filosóficos que concluirán con la serie de «Proverbios y cantares». El libro *Nuevas canciones* incide en este interés por la sentencia y la idea puestas en verso. Siempre fiel a la República, la Guerra Civil española (1936-1939) le obliga a trasladarse a Francia y muere en Colliure en febrero de 1939.

PROVERBIOS Y CANTARES

50. I

Nunca perseguí la gloria
ni dejar en la memoria
de los hombres mi canción;
yo amo los mundos sutiles,
ingrávidos y gentiles
como pompas de jabón.
Me gusta verlos pintarse
de sol y grana, volar
bajo el cielo azul, temblar
súbitamente y quebrarse.

51. XXIX

Caminante, son tus huellas
el camino, y nada más;
caminante, no hay camino,
se hace camino al andar.
Al andar se hace camino,
y al volver la vista atrás
se ve la senda que nunca
se ha de volver a pisar.
Caminante, no hay camino,
sino estelas en la mar.

52. XLIV

Todo pasa y todo queda,
pero lo nuestro es pasar,
pasar haciendo caminos,
caminos sobre la mar.

53. LIII

Ya hay un español que quiere
vivir y a vivir empieza,
entre una España que muere
y otra España que bosteza.
Españolito que vienes
al mundo, te guarde Dios.
Una de las dos Españas
ha de helarte el corazón.

54. A UN OLMO SECO

Al olmo seco, hendido por el rayo
y en su mitad podrido,
con las llucias de abril y el sol de mayo,
algunas hojas verdes le han salido.

¡El olmo centenario en la colina
que lame el Duero! Un musgo amarillento
le mancha la corteza blanquecina
al tronco carcomido y polvoriento.

No será, cual los álamos cantores
que guardan el camino y la ribera,
habitado de pardos ruiseñores.

Ejército de hormigas en hilera
va trepando por él, y en sus entrañas
urden sus telas grises las arañas.

Antes que te derribe, olmo del Duero,
con su hacha el leñador, y el carpintero
te convierta en melena de campana,
lanza de carro o yugo de carreta;
antes que rojo en el hogar, mañana,
ardas de alguna mísera caseta,
al borde del camino;
antes que te descuaje un torbellino
y tronche el soplo de las sierras blancas;

antes que el río hasta la mar te empuje
por valles y barrancas,
olmo, quiero anotar en mi carrera
la gracia de tu rama verdecida.

Mi corazón espera
también, hacia la luz y hacia la vida,
otro milagro de la primavera.

JUAN RAMÓN JIMÉNEZ

La vida y la obra de Juan Ramón Jiménez (1881-1958) puede dividirse en dos partes bien diferenciadas: la primera parte está vinculada a los sanatorios psiquiátricos, la ansiedad y los médicos; su escasa formación académica le remite a los poetas más conocidos del siglo anterior (Espronceda y Bécquer), pero Rubén Darío y Valle-Inclán ya admiraron su poesía primeriza. A pesar de sus continuas recaídas anímicas este período es enormemente fructífero, y así aparecen títulos como *Arias tristes* (1903), *Jardines lejanos* (1904) y de su período en Moguer, las *Elegías* (1909-1910), *La soledad sonora* (1911) y *Laberinto* (1913). La segunda, está marcada por su matrimonio con Zenobia Camprubí y por el exilio a partir de 1936. De esta época son los famosos *Diario de un recien casado* (1917) o *Eternidades* (1918).

El autor de *Platero y yo* evolucionará en su largo periplo poético desde los primeros versos ingenuos y decimonónicos hasta el lirismo en prosa de «Espacio» (*Animal de fondo,* 1949) y reflexiones críticas y teóricas muy personales. Todo ello pasa por el modernismo, el postmodernismo, la introspección y reflexión de la llamada «poesía pura o esencial», y el misticismo de algunas de sus últimas obras. Le fue otorgado el premio Nobel en 1956.

55. El viaje definitivo

Y yo me iré. Y se quedarán los pájaros
cantando;
y se quedará mi huerto, con su verde árbol,
y con su pozo blanco.

Todas las tardes, el cielo será azul y plácido;
y tocarán, como esta tarde están tocando,
las campanas del campanario.

Se morirán aquellos que me amaron;
y el pueblo se hará nuevo cada año;
y en el rincón aquel de mi huerto florido y encalado,
mi espíritu errará, nostáljico...
Y yo me iré; y estaré solo, sin hogar, sin árbol
verde, sin pozo blanco,
sin cielo azul y plácido...

Y se quedarán los pájaros cantando.

LEÓN FELIPE

Felipe Camino Galicia, llamado León Felipe (1884-1968), es otra de las muchas víctimas literarias de la Guerra Civil española: obligado al exilio en México, el poeta zamorano admirador y traductor del universal escritor Walt Whitman muestra entonces los rasgos característicos de su obra: ferviente humanidad, solidaridad espiritual, transposición bíblica y combatividad política. Autor prolífico, reproducimos a continuación su poema más conocido, popularizado en los últimos años del siglo XX por cantantes de la resistencia antifranquista.

56. COMO TÚ...

Así es mi vida,
piedra,
como tú; como tú,
piedra pequeña;
como tú,
piedra ligera;
como tú,
canto que ruedas
por las calzadas
y por las veredas;
como tú,
guijarro humilde de las carreteras;
como tú,
que en días de tormenta
te hundes
en el cieno de la tierra
y luego centelleas
bajo los cascos
y bajo las ruedas;
como tú, que no has servido
para ser ni piedra
de una Lonja,

ni piedra de una Audiencia,
ni piedra de un Palacio,
ni piedra de una Iglesia;
como tú,
piedra aventurera;
como tú,
que, tal vez, estás hecha
sólo para una honda,
piedra pequeña
y
ligera...

PEDRO SALINAS

Como otros componentes de la llamada Generación del 27, Pedro Salinas (1891-1951) fue poeta e intelectual: los versos se compaginaban con su labor investigadora y académica en Europa y América. El autor de *La voz a ti debida* (1933), seguramente el mejor de sus trabajos poéticos, representa en la literatura contemporánea española la expresión del amor más allá del amor, un eterno buscarse dos espíritus sin encontrarse o tal vez la forma de una búsqueda infructuosa del amor: «¿Serás, amor, / un largo adiós que no se acaba?».

57. ¡Si me llamaras, sí,
si me llamaras!

Lo dejaría todo,
todo lo tiraría:
los precios, los catálogos,
el azul del océano en los mapas,
los días y sus noches,
los telegramas viejos
y un amor.
Tú, que no eres mi amor,
¡si me llamaras!

Y aún espero tu voz:
telescopios abajo,

desde la estrella,
por espejos, por túneles,
por los años bisiestos
puede venir. No sé por dónde.
Desde el prodigio, siempre.
Porque si tú me llamas
–¡si me llamaras, sí, si me llamaras!–
será desde un milagro,
incógnito, sin verlo.

Nunca desde los labios que te beso,
nunca,
desde la voz que dice: «No te vayas».

JORGE GUILLÉN

También Jorge Guillén (1893-1984) desarrolló su actividad académica en Oxford, Sevilla y otras universidades e instituciones prestigiosas. Durante años trabajó sobre su poemario cumbre, *Cántico*, que fue revisando desde su primera publicación en 1928 hasta 1950, completando un total de 334 poemas. Su poesía puede entenderse desde la perspectiva del individuo asombrado ante el mundo o desde el punto de vista del hombre que exalta el mundo, donde lo cotidiano se convierte en extraordinario.

58. Cima de la delicia

¡Cima de la delicia!
Todo en el aire es pájaro.
Se cierne lo inmediato
Resuelto en lejanía.

¡Hueste de esbeltas fuerzas!
¡Qué alacridad de mozo
En el espacio airoso,
Henchido de presencia!

El mundo tiene cándida
Profundidad de espejo.
Las más claras distancias
Sueñan lo verdadero.

¡Dulzura de los años
Irreparables! ¡Bodas
Tardías con la historia
Que desamé a diario!

Más, todavía más.
Hacia el sol, en volandas
La plenitud se escapa.
¡Ya sólo sé cantar!

GERARDO DIEGO

Como sus compañeros, Gerardo Diego (1896-1987) llevó a cabo una fructífera labor académica (desde los institutos de enseñanzas medias hasta la Real Academia Española) y un extenso trabajo poético, con más de cuarenta títulos o colecciones de poesía. Lo más destacable es su capacidad para abrazar las vanguardias al tiempo que recurre a lo clásico y lo tradicional. La popularidad del poeta santanderino se debe, sobre todo, a este último estilo, enraizado en formas y palabras que el lector conoce, alejándose del artificio vanguardista. El «Romance del Duero» está incluido en su obra *Soria* (1923).

59. Romance del Duero

Río Duero, río Duero,
nadie a acompañarte baja,
nadie se detiene a oír
tu eterna estrofa de agua.

Indiferente o cobarde
la ciudad vuelve la espalda.
No quiere ver en tu espejo
su muralla desdentada.

Tú, viejo Duero, sonríes
entre tus barbas de plata,
moliendo con tus romances
las cosechas mal logradas.

Y entre los santos de piedra
y los álamos de magia
pasas llevando en tus ondas
palabras de amor, palabras.

Quién pudiera como tú,
a la vez quieto y en marcha,
cantar siempre el mismo verso
pero con distinta agua.

Río Duero, río Duero,
nadie a estar contigo baja,
ya nadie quiere atender
tu eterna estrofa olvidada,

sino los enamorados
que preguntan por sus almas
y siembran en tus espumas
palabras de amor, palabras.

FEDERICO GARCÍA LORCA

Para muchos lectores y críticos Federico García Lorca (1898-1936) es el último gran poeta de nuestra literatura. Su obra encierra la genialidad del verso elaborado, de apariencia sencilla; contiene la ingenuidad de lo tradicional y la profundidad indiscutible del autor consciente. El autor de las inmortales tragedias *Yerma*, *Bodas de sangre* y *La casa de Bernarda Alba* conoció las formas poéticas y artísticas de los alegres años veinte (Residencia de Estudiantes de Madrid, Luis Buñuel, Salvador Dalí, y el resto de los componentes del grupo del 27). La novedad de la imagen surrealista se dejó notar en el radical *Poeta en Nueva York*, pero lo más granado de la producción lorquiana tiene relación con el mundo gitano, la vida andaluza y la tragedia humana. Los críticos han destacado siempre la maravilla de sus metáforas deslumbrantes y la sobrecogedora emoción del poeta ante la muerte. Se han escogido aquí poemas pertenecientes al *Romancero gitano*, de 1928, y el famoso canto II del *Llanto por Ignacio Sánchez Mejías* (1935), dado a la prensa pocos meses antes de morir fusilado en los alrededores de Víznar, en Granada.

60. Romance sonámbulo.
A Gloria Giner y a Fernando de los Ríos

Verde que te quiero verde.
Verde viento. Verdes ramas.
El barco sobre la mar
y el caballo en la montaña.
Con la sombra en la cintura
ella sueña en su baranda,
verde carne, pelo verde,
con ojos de fría plata.
Verde que te quiero verde.
Bajo la luna gitana,
las cosas la están mirando
y ella no puede mirarlas.

Verde que te quiero verde.
Grandes estrellas de escarcha,
vienen con el pez de sombra
y abre el camino del alba.
La higuera flota su viento
con la lija de sus ramas,
y el monte, gato garduño,
eriza sus pitas agrias.
¿Pero quién vendrá? ¿Y por dónde...?
Ella sigue en su baranda,
verde carne, pelo verde,
soñando en la mar amarga.

Compadre, quiero cambiar
mi caballo por su casa,
mi montura por su espejo,
mi cuchillo por su manta.
Compadre, vengo sangrando,
desde los puertos de Cabra.
Si yo pudiera, mocito,
este trato se cerraba.
Pero yo ya no soy yo.
Ni mi casa es ya mi casa.
Compadre, quiero morir
decentemente en mi cama.
De acero, si puede ser,
con las sábanas de holanda.
¿No veis la herida que tengo
desde el pecho a la garganta?
Trescientas rosas morenas
lleva tu pechera blanca.
Tu sangre rezuma y huele
alrededor de tu faja.

Pero yo ya no soy yo.
Ni mi casa es ya mi casa.
Dejadme subir al menos
hasta las altas barandas,
¡dejadme subir!, dejadme
hasta las verdes barandas.
Barandales de la luna
por donde retumba el agua.

Ya suben los dos compadres
hacia las altas barandas.
Dejando un rastro de sangre.
Dejando un rastro de lágrimas.
Temblaban en los tejados
farolillos de hojalata.
Mil panderos de cristal,
herían la madrugada.

Verde que te quiero verde,
verde viento, verde ramas.
Los dos compadres subieron.
El largo viento dejaba
en la boca un raro gusto
de hiel, de menta y de albahaca.
¡Compadre! ¿Dónde está?, dime,
¿dónde está tu niña amarga?
¡Cuántas veces te esperó!
¡Cuántas veces te esperara,
cara fresca, negro pelo,
en esta verde baranda!

Sobre el rostro del aljibe
se mecía la gitana.
Verde carne, pelo verde,
con ojos de fría plata.
Un carámbano de luna
la sostiene sobre el agua.
La noche se puso íntima
como una pequeña plaza.
Guardias civiles borrachos
en la puerta golpeaban.

Verde que te quiero verde.
Verde viento. Verdes ramas.
El barco sobre la mar.
Y el caballo en la montaña.

61. DE *LLANTO POR IGNACIO SÁNCHEZ MEJÍAS*, CANTO II.
LA SANGRE DERRAMADA

¡Que no quiero verla!

Dile a la luna que venga,
que no quiero ver la sangre
de Ignacio sobre la arena.

¡Que no quiero verla!

La luna de par en par.
Caballo de nubes quietas,
y la plaza gris del sueño
con sauces en las barreras.

¡Que no quiero verla!
Que mi recuerdo se quema.
¡Avisad a los jazmines
con su blancura pequeña!

¡Que no quiero verla!

DÁMASO ALONSO

Director de la Real Academia Española, Dámaso Alonso (1898-1990) es una referencia ineludible en la crítica literaria, ya que dedicó sus esfuerzos a los autores de los Siglos de Oro, desde Fray Luis de León a Góngora. Aunque perteneció a la Generación del 27, su poemario emblemático es de 1944: *Hijos de la ira*, en el que muestra un mundo horrendo, monstruoso, bestial, donde el hombre sólo ha de servir como abono o estiércol para la tierra. Tal fue el resultado emocional de la Guerra Civil y la catastrófica posguerra del general Franco. De esta colección poética se ha escogido el famosísimo «Insomnio»: los hombes son cadáveres, abono con el que Dios cuida las flores del tiempo, de la eternidad.

62. Insomnio

Madrid es una ciudad de más de un millón de cadáveres (según las últimas estadísticas).

A veces en la noche yo me revuelvo y me incorporo en este nicho en el que hace 45 años que me pudro,

y paso largas horas oyendo gemir al huracán, o ladrar los perros, o fluir blandamente la luz de la luna.

Y paso largas horas gimiendo como el huracán, ladrando como un perro enfurecido, fluyendo como la leche de la ubre caliente de una gran vaca amarilla.

Y paso largas horas preguntándole a Dios, preguntándole por qué se pudre lentamente mi alma,

por qué se pudren más de un millón de cadáveres en esta ciudad de Madrid, por qué mil millones de cadáveres se pudren lentamente en el mundo.

Dime, ¿qué huerto quieres abonar con nuestra podredumbre?

¿Temes que se te sequen los grandes rosales del día, las tristes azucenas letales de tus noches?

VICENTE ALEIXANDRE

El premio Nobel de Literatura de 1977 comenzó su labor poética tras los pasos de Juan Ramón Jiménez, Pedro Salinas y Jorge Guillén. Vicente Aleixandre (1898-1984) conoció también las vanguardias y el surrealismo, aunque la crítica suele destacar *Sombra del paraíso* como el libro fundamental de su trayectoria: el mundo perdido tras la cruel Guerra Civil es el objeto principal, desde los amores juveniles a la ciudad mediterránea de su infancia, Málaga: «Allí el cielo eras tú, ciudad que en él morabas». La última etapa de su labor poética está centrada en su concepción de la temporalidad (*Historia del corazón*, 1954; o *Poemas de la consumación*, 1968).

A pesar de la dificultad que encierran, de las audaces imágenes de sus versos, el público ha preferido siempre los poemas de *La destrucción o el amor*, continuación de *Espadas como labios* (ambos de 1935). Para Aleixandre, el deseo de morir enamorado no es sino una ambición, un anhelo: «Muero porque me arrojo, porque quiero morir, / porque quiero vivir en el fuego...». De aquí es el ejemplo que a continuación se transcribe.

63. SE QUERÍAN

Se querían.
Sufrían por la luz, labios azules en la madrugada,
labios saliendo de la noche dura,
labios partidos, sangre, ¿sangre dónde?
Se querían en un lecho navío, mitad noche, mitad luz.

Se querían como las flores a las espinas hondas,
a esa amorosa gema del amarillo nuevo,
cuando los rostros giran melancólicamente,
giralunas que brillan recibiendo aquel beso.

Se querían de noche, cuando los perros hondos
laten bajo la tierra y los valles se estiran
como lomos arcaicos que se sienten repasados:
caricia, seda, mano, luna que llega y toca.

Se querían de amor entre la madrugada,
entre las duras piedras cerradas de la noche,
duras como los cuerpos helados por las horas,
duras como los besos de diente a diente solo.

Se querían de día, playa que va creciendo,
ondas que por los pies acarician los muslos,
cuerpos que se levantan de la tierra y flotando...
Se querían de día, sobre el mar, bajo el cielo.

Mediodía perfecto, se querían tan íntimos,
mar altísimo y joven, intimidad extensa,
soledad de lo vivo, horizontes remotos
ligados como cuerpos en soledad cantando.

Amando. Se querían como la luna lúcida,
como ese mar redondo que se aplica a ese rostro,
dulce eclipse de agua, mejilla oscurecida,
donde los peces rojos van y vienen sin música.

Día, noche, ponientes, madrugadas, espacios,
ondas nuevas, antiguas, fugitivas, perpetuas,
mar o tierra, navío, lecho, pluma, ristal,
metal, música, labio, silencio, vegetal,
mundo, quietud, su forma. Se querían, sabedlo.

RAFAEL ALBERTI

Solían bromear los poetas del Grupo del 27 con los «primos andaluces»: Federico García Lorca y Rafael Alberti (1902-1999), uno de Granada y otro de Cádiz. En ambos la tierra materna supuso un elemento poético decisivo, y si por García Lorca conocemos la tragedia gitana, por Alberti sabemos de la luz, de la necesidad y la nostalgia del mar y la ciudad infantil. Su extensa carrera literaria y los avatares de una vida marcada por el exilio han hecho necesarias clasificaciones y ordenamientos de su poesía, de acuerdo con las tendencias propias de cada poemario (popularismo, gongorismo, surrealismo, poesía política y poesía de la nostalgia, según la terminología de

Ricardo Gullón). Sin embargo, de Alberti se recuerda sobre todo su *Marinero en tierra* (1925), donde sólo la inmediatez del verso puede ocultar una elaboración poética más cercana a las vanguardias que a los cancioneros renacentistas que lo inspiraron.

La conocidísima poesía con que comenzamos la lectura de Rafael Alberti pertenece a la creación en el exilio, *Entre el clavel y la espada* (1941).

64. Se equivocó la paloma.
Se equivocaba.
Por ir al norte, fue al sur.
Creyó que el trigo era agua.
Se equivocaba.

Creyó que el mar era el cielo;
que la noche la mañana.
Se equivocaba.

Que las estrellas, rocío;
que el calor, la nevada.
Se equivocaba.

Que tu falda era tu blusa;
que tu corazón, su casa.
Se equivocaba.

(Ella se durmió en la orilla.
Tú en la cumbre de una rama.)

65. A Rodolfo Halffter

Si mi voz muriera en tierra,
llevadla al nivel del mar
y dejadla en la ribera.
Llevadla al nivel del mar
y nombradla capitana
de un blanco bajel de guerra.

¡Oh mi voz condecorada
con la insignia marinera:
sobre el corazón un ancla,
y sobre el ancla una estrella,
y sobre la estrella el viento,
y sobre el viento la vela!

LUIS CERNUDA

Donde habite el olvido (1934) es el verdadero comienzo poético de Luis Cernuda (1902-1963), aunque ya antes, y bajo la tutoría de Pedro Salinas, Vicente Aleixandre o Federico García Lorca, había ensayado el verso vanguardista y de corte surrealista. En *La realidad y el deseo*, este profesor condenado al exilio desde 1938, irá acumulando toda su experiencia literaria, intelectual y emocional, desde 1936 hasta 1964. Los críticos han rastreado la veneración de Luis Cernuda por la poesía decimonónica, y especialmente por la de Bécquer: en la poesía aquí seleccionada, la más conocida del autor, pueden vislumbrarse aquellos tonos románticos asociados a la imaginería del surrealismo.

66. Donde habite el olvido,
En los vastos jardines sin aurora;
Donde yo sólo sea
Memoria de una piedra sepultada entre ortigas
Sobre la cual el viento escapa a sus insomnios.

Donde mi nombre deje
Al cuerpo que designa en brazos de los siglos,
Donde el deseo no exista.

En esa gran región donde el amor, ángel terrible,
No esconda como acero
En mi pecho su ala,
Sonriendo lleno de gracia aérea mientras crece el tormento.
Allá donde termine este afán que exige un dueño a imagen suya,
Sometiendo a otra vida su vida,
Sin más horizonte que otros ojos frente a frente.

Donde penas y dichas no sean más que nombres,
Cielo y tierra nativos en torno de un recuerdo;
Donde al fin quede libre sin saberlo yo mismo,
Disuelto en niebla, ausencia,
Ausencia leve como carne de niño.
Allá, allá lejos;
Donde habite el olvido.

MIGUEL HERNÁNDEZ

Miguel Hernández (1910-1942) es uno de los poetas más populares y queridos del siglo xx. Acaso eclipsado por la fuerza creadora de Rafael Alberti o Federico García Lorca, y un tanto olvidado en las aulas, lo cierto es que el poeta de Orihuela se ha mantenido más vivo que cualquiera de los demás. Miguel Hernández cultivó, casi de forma autodidacta, el gusto por los clásicos, de modo que las vanguardias (surrealismo o la llamada «poesía pura») quedaron fuera de su ámbito. Tras los primeros ensayos (*Perito en lunas* o *El silbo vulnerado*) llega su gran colección: *El rayo que no cesa*, en 1936. A este poemario pertenece la famosísima elegía a Ramón Sijé, que fue amigo y colaborador del poeta. La conciencia política y combativa son las raíces de *Vientos del pueblo* (1937), del mismo modo que la amargura es la fuente de Cancionero y romancero de ausencias. Fue condenado a muerte tras la Guerra Civil, y trasladado y mortificado de cárcel en cárcel por varias provincias españolas. El interés de algunos conocidos pudo evitar el pelotón de fusilamiento, pero no pudo impedir una muerte prematura en 1942, en la prisión de Alicante.

67. ELEGÍA.

(En Orihuela, su pueblo y el mío, se me ha muerto como del rayo Ramón Sijé, con quien tanto quería)

Yo quiero ser llorando el hortelano
de la tierra que ocupas y estercolas,
compañero del alma, tan temprano.

Alimentando lluvias, caracolas
y órganos mi dolor sin instrumento,
a las desalentadas amapolas

daré tu corazón por alimento.
Tanto dolor se agrupa en mi costado,
que por doler me duele hasta el aliento.

Un manotazo duro, un golpe helado,
un hachazo invisible y homicida,
un empujón brutal te ha derribado.

No hay extensión más grande que mi herida,
lloro mi desventura y sus conjuntos
y siento más tu muerte que mi vida.

Ando sobre rastrojos de difuntos,
y sin calor de nadie y sin consuelo
voy de mi corazón a mis asuntos.

Temprano levantó la muerte el vuelo,
temprano madrugó la madrugada,
temprano estás rodando por el suelo.

No perdono a la muerte enamorada,
no perdono a la vida desatenta,
no perdono a la tierra ni a la nada.

En mis manos levanto una tormenta
de piedras, rayos y hachas estridentes
sedienta de catástrofes y hambrienta.

Quiero escarbar la tierra con los dientes,
quiero apartar la tierra parte a parte
a dentelladas secas y calientes.

Quiero minar la tierra hasta encontrarte
y besarte la noble calavera
y desamordazarte y regresarte.

Volverás a mi huerto y a mi higuera:
por los altos andamios de las flores
pajareará tu alma colmenera

de angelicales ceras y labores.
Volverás al arrullo de las rejas
de los enamorados labradores.

Alegrarás la sombra de mis cejas,
y tu sangre se irán a cada lado
disputando tu novia y las abejas.

Tu corazón, ya terciopelo ajado,
llama a un campo de almendras espumosas
mi avariciosa voz de enamorado.

A las aladas almas de las rosas
del almendro de nata te requiero,
que tenemos que hablar de muchas cosas,
compañero del alma, compañero.

GABRIEL CELAYA

Cuando la España democrática de los años noventa quiso darse cuenta, Rafael Gabriel Múgica Celaya (1911-1991) había muerto prácticamente en la miseria. Su destino empresarial e industrial quedó relegado en la década de los treinta, cuando conoció a Federico García Lorca en la Residencia de Estudiantes de Madrid. Como tantos otros poetas de su generación, Gabriel Celaya conoció los primores del surrealismo, el neorromanticismo y otros *ismos* muy populares de principios de siglo; pero el traumático acontecimiento de la Guerra Civil lo encamina hacia la poesía comprometida, social, política, donde la literatura y el verso son herramientas para modificar la situación que se vivía. Es a esta época a la cual pertenece su poema más conocido y cuyo título se ha convertido casi en una frase proverbial (*Cantos íberos*, de 1955).

68. LA POESÍA ES UN ARMA CARGADA DE FUTURO

Cuando ya nada se espera personalmente exaltante,
mas se palpita y se sigue más acá de la conciencia,
fieramente existiendo, ciegamente afirmando,
como un pulso que golpea las tinieblas,

cuando se miran de frente
los vertiginosos ojos claros de la muerte,
se dicen las verdades:
las bárbaras, terribles, amorosas crueldades.

Se dicen los poemas
que ensanchan los pulmones de cuantos, asfixiados,
piden ser, piden ritmo,
piden ley para aquello que sienten excesivo.

Con la velocidad del instinto,
con el rayo del prodigio,
como mágica evidencia, lo real se nos convierte
en lo idéntico a sí mismo.

Poesía para el pobre, poesía necesaria
como el pan de cada día,
como el aire que exigimos trece veces por minuto,
para ser y en tanto somos dar un sí que glorifica.

Porque vivimos a golpes, porque apenas si nos dejan
decir que somos quien somos,
nuestros cantares no pueden ser sin pecado un adorno.
Estamos tocando el fondo.

Maldigo la poesía concebida como un lujo
cultural por los neutrales
que, lavándose las manos, se desentienden y evaden.
Maldigo la ploesía de quien no toma partido hasta mancharse.

Hago mías las faltas. Siento en mí a cuantos sufren
y canto respirando.
Canto, y canto, y cantando más allá de mis penas
personales, me ensancho.

Quisiera daros vida, provocar nuevos actos,
y calculo por eso con técnica, qué puedo.
Me siento un ingeniero del verso y un obrero
que trabaja con otros a España en sus aceros.

Tal es mi poesía: poesía-herramienta
a la vez que latido de lo unánime y ciego.
Tal es, arma cargada de futuro expansivo
con que te apunto al pecho.

No es una poesía gota a gota pensada.
No es un bello producto. No es un fruto perfecto.
Es algo como el aire que todos respiramos
y es el canto que espacia cuanto dentro llevamos.

Son palabras que todos repetimos sintiendo
como nuestras, y vuelan. Son más que lo mentado.
Son lo más necesario: lo que tiene nombre.
Son gritos en el cielo, y en la tierra, son actos.

BLAS DE OTERO

Como ocurrió con Miguel Hernández, el público ha premiado a Blas de Otero (1916-1979) con su lectura frecuente y ha olvidado a otros poetas cuya obra no acertaban a comprender. Blas de Otero se inició en el mundo literario tras las huellas de los místicos españoles (Fray Luis de León o San Juan de la Cruz), pero irrumpe en el panorama poético con *Ángel fieramente humano* (1950) y *Redoble de conciencia* (1951), donde el nihilismo y la angustia existencial son piezas claves. A partir de *Pido la paz y la palabra* (1955) el poeta se desplaza hacia el verso social y su único interlocutor es el pueblo español contemporáneo, a quien va dirigida su obra. Este poemario y otros posteriores (*Con la inmensa mayoría*, 1960) se han convertido en referencias fundamentales de la lucha antifranquista y pacifista, siguiendo la estela de la conciencia cívica que el poeta desarrolló en sus versos.

69. En el nombre de España, paz.
El hombre
está en peligro. España,
España, no te
aduermas.
Está en peligro, corre,
acude. Vuela
el ala de la noche
junto al ala del día.
Oye.
Cruje una vieja sombra,
vibra una luz joven.
Paz
para el día.

En el nombre
de España, paz.

JOSÉ HIERRO

Quinta del 42 es para los jóvenes poetas el libro fundamental de José Hierro (1922), aunque en las aulas universitarias suele recomendarse *Cuanto sé de mí* (1957). Los críticos han destacado, sobre todo, la evolución poética que ha generado con su obra: la poesía social, aferrada al realismo y a la crudeza de la posguerra española, coartaba la expresión literaria y es entonces cuando aparece la voz personalísima de José Hierro, plena de matices casi oníricos, mágicos y emocionales.

70. Una tarde cualquiera

Yo. José Hierro, un hombre
como hay muchos, tendido
esta tarde en mi cama,
volví a soñar.

(Los niños,
en la calle, corrían.)
Mi madre me dio el hilo
y la aguja, diciéndome:
«Enhébramela, hijo;
veo poco».

Tenía
fiebre. Pensé: —Si un grito
me ensordeciera, un rayo
me cegara... (Los niños
cantaban.) Lentamente
me fue invadiendo un frío
sentimiento, una súbita
desgana de estar vivo.

Yo, José Hierro, un hombre
que se da por vencido
sin luchar. (A la espalda
llevaba un cesto, henchido
de los más prodigiosos
secretos. Y cumplido,
el futuro, aguardándome
como a la hoz el trigo.)
Mudo, esta tarde, oyendo
caer la lluvia, he visto
desvanecerse todo,
quedar todo vacío.
Una desgana súbita
de vivir. («Toma, hijo,
enhébrame la aguja»,
dice mi madre.)

Amigos:
yo estaba muerto. Estaba
en mi cama, tendido.
Se está muerto aunque lata
el corazón, amigos.

Y se abre la ventana
y yo, sin cuerpo (vivo
y sin cuerpo, o difunto
y con vida), hundido
en el azul. (O acaso
sea el azul, hundido
en mi carne, en mi muerte
llena de vida, amigos:
materia universal,
carne y azul sonando

con un mismo sonido.)
Y en todo hay oro, y nada
duele ni pesa, amigos.
A hombros me llevan. Quién:
la primavera, el filo
del agua, el tiemblo verde
de un álamo, el suspiro
de alguien a quien yo nunca
había visto.

Y yo voy arrojando
ceniza, sombra, olvido.
Palabras polvorientas
que entristecen lo limpio:
Funcionario,
tintero,
30 días vista,
diferencial,
racionamiento,
factura,
contribución,
garantías...
Subo más alto. Aquí
todo es perfecto y rítmico.
Las escalas de plata
llevan de los sentidos
al silencio. El silencio
nos torna a los sentidos.
Ahora son las palabras
de diamante purísimo:
Roca,
águila,
playa,
palmera,
manzana,
caminante,
verano,
hoguera,
cántico...

...cántico. Yo, tendido
en mi cama. Yo, un hombre
como hay muchos, vencido
esta tarde (¿esta tarde
solamente?), he vivido
mis sueños (esta tarde
solamente), tendido
en mi cama, despierto,
con los ojos hundidos
aún en las ascuas últimas,
en las espumas últimas
del sueño concluido.

ÁNGEL GONZÁLEZ

Palabra sobre palabra contiene, tras sucesivas adiciones y correcciones, la poesía de Ángel González (n. 1925). Su nombre suele aparecer asociado a Jaime Gil de Biedma o a José Ángel Valente, bajo el epígrafe «Grupo poético del 50», aunque los miembros del grupo hayan tenido voces bien distintas y se hayan distanciado progresivamente del marbete «realista» con que se les identificó en principio. El poeta trata de aunar la experiencia emocional y reflexiva junto a una suerte de arrepentimiento o justificación: la huida o el fracaso es otras tantas veces el resultado. Se recoge aquí un ejemplo de su libro *Áspero mundo*, de 1956.

71. Para que yo me llame Ángel González,
para que mi ser pese sobre el suelo,
fue necesario un ancho espacio
y un largo tiempo:
hombre se todo mar y toda tierra,
fértiles vientres de mujer, y cuerpos
y más cuerpos, fundiéndose incesantes
en otro cuerpo nuevo.
Solsticio y equinoccios alumbraron
con su cambiante luz, su vario cielo,
el viaje milenario de mi carne
trepando por los siglos y los huesos.
De su pasaje lento y doloroso,
de su huida hasta el fin, sobreviviendo
naufragios, aferrándose
al último suspiro de los muertos,
yo no soy más que el resultado, el fruto,
lo que queda, podrido, entre los restos;
esto que veis aquí,
tan sólo esto:
un escombro tenaz, que se resiste
a su ruina, que lucha contra el viento,
que avanza por caminos que no llevan
a ningún sitio. El éxito
de todos los fracasos. La enloquecida
fuerza del desaliento...

JOSÉ AGUSTÍN GOYTISOLO

El famosísimo poema que transcribimos a continuación daba título a una recopilación de José Agustín Goytisolo (1931-1999) realizada al final de la década de 1970. Las *Palabras para Julia* han sobrepasado, con su popularidad (Paco Ibáñez en su concierto parisino tuvo la culpa), el resto de la obra del poeta catalán. Sin embargo, también en este extenso poema se deja notar la característica esencial de su poesía: una melancolía en la contemplación del paso del tiempo. En *Palabras para Julia* anida también la esperanza propia de una sociedad que ve acercarse el final de la tiranía política y social. Aún mantiene la vitalidad de unos versos contra la traición y la derrota.

72. Palabras para Julia

Tú no puedes volver atrás
porque la vida ya te empuja
como un aullido interminable.

Hija mía es mejor vivir
con la alegría de los hombres
que llorar ante el muro ciego.

Te sentirás acorralada
te sentirás perdida o sola
tal vez querrás no haber nacido.

Yo sé muy bien que te dirán
que la vida no tiene objeto
que es un asunto desgraciado.

Entonces siempre acuérdate
de lo que un día yo escribí
pensando en ti como ahora pienso.

Un hombre solo una mujer
así tomados de uno en uno
son como polvo no son nada.

Pero yo cuando te hablo a ti
cuando te escribo estas palabras
pienso también en otros hombres.

Tu destino está en los demás
tu futuro es tu propia vida
tu dignidad es la de todos.

Otros esperan que resistas
que les ayude tu alegría
tu canción entre sus canciones.

Entonces siempre acuérdate
de lo que un día yo escribí
pensando en ti como ahora pienso.

Nunca te entregues ni te apartes
junto al camino nunca digas
no puedo más y aquí me quedo.

La vida es bella tú verás
como a pesar de los pesares
tendrás amor tendrás amigos.

Por lo demás no hay elección
y este mundo tal como es
será todo tu patrimonio.

Perdóname no sé decirte
nada más pero tú comprende
que yo aún estoy en el camino.

Y siempre siempre acuérdate
de lo que un día yo escribí
pensando en ti como ahora pienso.

POETAS HISPANOAMERICANOS

JOSÉ MARTÍ

El recuerdo de José Martí (1853-1895) está asociado a la lucha por la independencia de Cuba: una lucha que los especialistas consideran antiimperialista frente a España, pero profundamente defensora del hispanoamericanismo. Para muchos cubanos Martí es el poeta-político, el heredero de Bolívar: su afilada pluma combativa le valió la prisión y la deportación. Desde Nueva York y desde otros lugares de América latina José Martí continuó su labor política abandonando progresivamente su interés por la literatura. En este campo, el autor cubano es un precursor del modernismo hispanoamericano, aunque esta opinión sigue siendo controvertida: sí es cierto que en su poesía se aprecia el típico decadentismo europeo y la huella romántica, pero José Martí es, sobre todo, un poeta de la liberación de Cuba. En su obra (los ensayos aún se valoran más que sus versos, su teatro o sus narraciones) siempre estarán unidas la poesía ingenua de *Ismaelillo* (1882, dedicado a su hijo) y la voz liberadora e independentista. Su poesía está recopilada en *Versos sencillos* (1891) y *Versos libres*, publicados tras su muerte.

73. (FRAGMENTO)

Cultivo una rosa blanca
en julio como en enero
para el amigo sincero
que me da su mano franca.

Pero para el cruel que me arranca
el corazón con que vivo,
cardo ni ortiga cultivo...
cultivo una rosa blanca.

Yo soy un hombre sincero
de donde crece la palma,
y antes de morirme quiero
echar mis versos del alma.

Yo vengo de todas partes,
y hacia todas partes voy:
arte soy entre las artes,
en los montes, monte soy.

Yo sé los nombres extraños
de las yerbas y las flores,
y de mortales engaños,
y de sublimes dolores.

Yo he visto en la noche oscura
llover sobre mi cabeza
los rayos de lumbre pura
de la divina belleza.

Alas nacer vi en los hombros
de las mujeres hermosas:
y salir de los escombros
volando las mariposas.

He visto vivir a un hombre
con el puñal al costado,
sin decir jamás el nombre
de aquella que lo ha matado.

Rápida como un reflejo,
dos veces vi el alma, dos:
cuando murió el pobre viejo,
cuando ella me dijo adiós. [...]

GABRIELA MISTRAL

La chilena Lucila Godoy Alcayaga (1889-1957), premio Nobel de Literatura en 1945, se hizo llamar Gabriela Mistral como homenaje a dos de sus autores más admirados: Gabriele D'Annuncio y Fréderic Mistral, con quienes compartía su sensibilidad hacia los desheredados, la infancia y el mundo natural. Su poesía, recopilada en *Desolación* (1922), *Tala* (1938) y *Lagar* (1954), hereda los epígonos modernistas de Rubén Darío y Amado Nervo, pero, sobre todo, es fruto de una existencia marcada por la muerte de dos seres queridos. La poesía de lo que pudo ser y no fue, está reflejada en los famosos versos «Todas íbamos a ser reinas», de *Tala*; así, esta maestra de escuela dejó para la posteridad fragmentos con una personalísima voz que se alejaba de los movimientos vanguardistas de su época.

74. TODAS ÍBAMOS A SER REINAS (FRAGMENTO)

Todas íbamos a ser reinas,
de cuatro reinos sobre el mar:
Rosalía con Ifigenia
y Lucila con Soledad.

En el valle de Elqui, ceñido
de cien montañas o de más,
que como ofrendas o tributos
arden en rojo o azafrán

Lo decíamos embriagadas,
y lo tuvimos por verdad,
que seríamos todas reinas
y llegaríamos al mar.

Con las trenzas de los siete años
y batas claras de percal,
persiguiendo tordos huidos
en la sombra del higueral.

De los cuatro reinos, decíamos,
indudables como el Corán,
que por grandes y por cabales
alcanzarían hasta el mar.

Cuatro esposos desposarían,
por el tiempo de desposar,
y eran reyes y cantadores
como David, rey de Judá.

Y de ser grandes nuestros reinos,
ellos tendrían, sin faltar,
mares verdes, mares de algas,
y el ave loca del faisán.

Y de tener todos los frutos,
árbol de leche, árbol del pan,
el guayacán no cortaríamos,
ni morderíamos metal.

Todas íbamos a ser reinas,
y de verídico reinar;
pero ninguna ha sido reina
ni en Araúco ni en Copán...

Rosalía besó marino
ya desposado con el mar,
y al besador, en las Guaitecas
se lo comió la tempestad.

Soledad crió siete hermanos
y su sangre dejó en su pan,
y sus ojos quedaron negros
de no haber visto nunca el mar.

En las viñas de Montegrande,
con su puro seno candeal,
mece los hijos de otras reinas
y los suyos nunca-jamás.

Efigenia cruzó extranjero
en las rutas, y, sin hablar,
le siguió, sin saberle nombre,
porque el hombre parece el mar.

Y Lucila, que hablaba a río,
a montaña y cañaveral,
en las lunas de la locura
recibió reino de verdad.

En las nubes contó diez hijos
y en los salares su reinar,
en los ríos ha visto esposos
y su manto en la tempestad.

Pero en el valle de Elqui, donde
son cien montañas o son más,
cantan las otras que vinieron
y las que vienen cantarán:

«En la tierra seremos reinas,
y de verídico reinar,
y siendo grandes nuestros reinos,
llegaremos todas al mar».

NICOLÁS GUILLÉN

Nicolás Guillén (1902-1989) es, junto a José Martí, la gran figura de la poesía cubana y uno de los más más importantes escritores de Hispanoamérica. Su obra debe entenderse en el contexto de la política y de la literatura social: fue miembro del Partido Comunista desde 1937, vivió la Guerra Civil española al lado de los republicanos y participó en la Revolución cubana. Su obra ha gozado siempre de la aceptación popular, en parte por su carácter libertario, y en parte por su lenguaje cercano al habla popular, a la tradición poética y a la musicalidad de su poesía. «La muralla» pertenece al libro *La paloma de vuelo popular*, publicado en 1958.

75. LA MURALLA.

A Cristina Ruth Agosti

Para hacer esta muralla,
tráiganme todas las manos:
los negros, sus manos negras,
los blancos, sus blancas manos.

Ay,
una muralla que vaya
desde la playa hasta el monte,
desde el monte hasta la playa, bien,]
allá sobre el horizonte.
—¡Tun, tun!
—¿Quién es?
—Una rosa y un clavel...
—¡Abre la muralla!
—¡Tun, tun!
—¿Quién es?
—El sable del coronel...
—¡Cierra la muralla!
—¡Tun, tun!
—¿Quién es?
—La paloma y el laurel...
—¡Abre la muralla!
—¡Tun, tun!
—¿Quién es?
—El alacrán y el ciempiés...
—¡Cierra la muralla!
Al corazón del amigo,
abre la muralla;
al veneno y al puñal,
cierra la muralla;
al mirto y la yerbabuena,
abre la muralla;
al diente de la serpiente,
cierra la muralla;
al ruiseñor en la flor,
abre la muralla...
Alcemos una muralla
juntando todas las manos;
los negros, sus manos negras,
los blancos, sus blancas manos.
Una muralla que vaya
desde la playa hasta el monte,
desde el monte hasta la playa, bien,]
allá sobre el horizonte...

PABLO NERUDA

La poesía de Pablo Neruda ha ejercido en la literatura española una gran influencia; tal vez sólo Rubén Darío o, desde el punto de vista teórico, Vicente Huidobro puedan sobrepasarle en importancia durante la primera mitad del siglo xx. Sin embargo, el poeta chileno ha calado aún más entre los lectores que entre los poetas de la península y, aunque su obra ha abarcado diversos modos poéticos, el público siempre ha tenido especial predilección por *Veinte poemas de amor y una canción desesperada* (1924), en la tradición del modernismo y, claro, de Rubén Darío: el conocido poema número 20 se titulaba en el original nada menos que «Tristeza a la orilla de la noche».

Neftalí Ricardo Reyes Basoalto (1904-1973) dejó en sus memorias (*Confieso que he vivido*) el rastro de una intensa vida personal, poética y política. Estuvo ligado al gobierno de su país, Chile, ocupando distintos puestos oficiales, como embajador o cónsul, hasta que una ley anticomunista de Gabriel González Videla le obliga a huir en 1949. Tras un periplo europeo glorioso, Neruda vuelve a Chile como candidato presidencial por el Partido comunista, candidatura a la que renunciará a favor de Salvador Allende. Tres años más tarde (1973) el general Pinochet acaba con la democracia chilena y Neruda muere en Santiago. Le fue otorgado el premio Nobel de Literatura en 1971.

La crítica suele destacar obras como *El hondero entusiasta* (1933), *Canto general* (1950), *Las uvas y el viento* (1954), N*avegaciones y regresos* (1959), etc. Pero el público siempre ha preferido aquellos versos juveniles de 1924: los que han mantenido su recuerdo durante décadas y, al fin, los que lo han inmortalizado.

76. XV (DE *VEINTE POEMAS DE AMOR Y UNA CANCIÓN DESESPERADA*)

Me gustas cuando callas porque estás como ausente,
y me oyes desde lejos, y mi voz no te toca.
Parece que los ojos se te hubieran volado
y parece que un beso te cerrara la boca.

Como todas las cosas están llenas de mi alma
emerges de las cosas, llena del alma mía.
Mariposa de sueño, te pareces a mi alma,
y te pareces a la palabra melancolía.

Me gustas cuando callas y estás como distante.
Y estás como quejándote, mariposa en arrullo.
Y me oyes desde lejos, y mi voz no te alcanza:
déjame que me calle con el silencio tuyo.

Déjame que te hable también con tu silencio
claro como una lámpara, simple como un anillo.
Eres como la noche, callada y constelada.
Tu silencio es de estrella, tan lejano y sencillo.

Me gustas cuando callas porque estás como ausente.
Distante y dolorosa como si hubieras muerto.
Una palabra entonces, una sonrisa bastan.
Y estoy alegre, alegre de que no sea cierto.

ÍNDICE DE AUTORES

Alberti, Rafael **79**
Aleixandre, Vicente **78**
Alonso, Dámaso **77**
Anónimos **6,16-18**
Bécquer, Gustavo Adolfo **60**
Berceo, Gonzalo de **8**
Calderón de la Barca, Pedro **43**
Castro, Rosalía de **63**
Celaya, Gabriel **84**
Cernuda, Luis **80**
Cervantes, Miguel de **28**
Cruz, San Juan de la **26**
Cruz, Sor Juana Inés de la **42**
Darío, Rubén **64**
Diego, Gerardo **74**
Espronceda, José de **56**
Felipe, León **71**
Fernández de Moratín, Nicolás **47**
García Lorca, Federico **74**
Gómez de Avellaneda, Gertrudis **57**
Góngora, Luis de **34**
González, Angel **88**
Goytisolo, José Agustín **84**
Guillén, Jorge **73**
Guillén, Nicolás **93**
Hartzenbusch, Juan Eugenio de **55**
Hernández, Miguel **81**
Hierro, José **87**
Iriarte, Tomás de **50**
Jesús Santa Teresa de **23**
Jiménez, Juan Ramón **70**
León, Fray Luis de **24**
Leonardo de Argensola, Bartolomé **31**
López de Mendoza, Íñigo (Marqués de Santillana) **14**
Machado, Antonio **68**
Manrique, Jorge **11**
Martí, José **90**
Meléndez Valdés, Juan **51**
Mena, Juan de **15**
Mistral, Gabriela **92**
Neruda, Pablo **94**
Otero, Blas de **86**
Quevedo, Francisco de **38**
Ruiz, Juan (Arcipreste de Hita) **10**
Saavedra, Ángel de (Duque de Rivas) **54**
Salinas, Pedro **72**
Samaniego, Félix María de **49**
Tirso de Molina **44**
Vega, Félix Lope de **32**
Vega, Garcilaso de la **19**
Zorrilla, José **59**